René Guénon

Apreciaciones sobre el esoterismo cristiano

OMNIA VERITAS

René Guénon
(1886-1951)

Apreciaciones sobre el esoterismo cristiano
1954
Título original: "*Aperçus sur l'ésotérisme chrétien*"
Primera publicación en 1954 - Paris, Éditions Traditionnelles

Publié par
Omnia Veritas Ltd

www.omnia-veritas.com

PRÓLOGO 7
PRIMERA PARTE 19
ESTRUCTURA Y CARACTERÍSTICAS DE LA TRADICIÓN CRISTIANA 19
CAPÍTULO I 21
    A PROPÓSITO DE LAS LENGUAS SAGRADAS............................... 21
CAPÍTULO II 29
    CRISTIANISMO E INICIACIÓN 29
SEGUNDA PARTE 61
DE ALGUNAS ORGANIZACIONES INICIÁTICAS CRISTIANAS 61
CAPÍTULO III 63
    LOS GUARDIANES DE LA TIERRA SANTA.................................... 63
CAPÍTULO IV 82
    EL LENGUAJE SECRETO DE DANTE Y DE LOS *«FIELES DE AMOR»* I .. 82
CAPÍTULO V: 108
    EL LENGUAJE SECRETO DE DANTE Y DE LOS «FIELES DE AMOR» II 108
CAPÍTULO VI 124
    NUEVAS APRECIACIONES SOBRE EL LENGUAJE SECRETO DE DANTE 124
CAPÍTULO VII 135
    «FIELES DE AMOR» Y «CORTES DE AMOR» 135
CAPÍTULO VIII 149
    EL SANTO GRIAL 149
CAPÍTULO IX 178
    EL SAGRADO CORAZÓN Y LA LEYENDA DEL SANTO GRIAL 178

René Guénon

Prólogo

René Guénon(1886-1951) ha dejado una obra considerable: diecisiete obras publicadas y centenares de artículos y recensiones en diversas revistas, principalmente en la revista católica "*Regnabit*" y en "*Études Traditionnelles*" (anteriormente "*Le Voile d´Isis*") de la cual él fue el inspirador desde 1929.

Hemos ya reunido en un volumen titulado *Initiation et Réalisation Spirituelle*[1], una serie de artículos que él había escrito entre 1945 y finales de 1950 y que constituyen una continuación a los *Aperçus sur l'Initiation*. Presentamos hoy algunos estudios aparecidos en diversas épocas pero que ofrecen el rasgo común de relacionarse con el mismo tema, a saber, el esoterismo cristiano. No se trata en ningún caso de una exposición, incluso de manera sumaria, de los diferentes aspectos de este importante asunto de manera didáctica. Se trata de estudios de circunstancias cuyo punto de partida era proporcionado sea por cuestiones planteadas

---

[1] Éditions Traditionnelles, Paris, 1952.

por los lectores, sea por obras de las que Guénon tenía conocimiento y de las que creía necesario señalar los errores o las insuficiencias. El interés de estos estudios fragmentarios nos parece tanto mayor cuanto que, precisamente, René Guénon, aparte del folleto sobre *San Bernardo* y su pequeño libro sobre *El Esoterismo de Dante*, no ha consagrado ninguna obra a esta forma de la tradición que toca de manera tan apremiante a las preocupaciones más legítimas de la inmensa mayoría de sus lectores.

Esta reserva de René Guénon se relaciona estrechamente con el papel que asigna, en *Orient et Occident* y en *La Crise du Monde moderne*, a la élite occidental. La aportación de René Guénon consiste principalmente en una exposición sintética de las doctrinas metafísicas orientales, destinada a despertar, entre los occidentales intelectualmente cualificados, el deseo de reencontrar y de poner al día en cierta medida, los aspectos más profundos de su propia tradición. A estos occidentales concierne el probar así que la degeneración intelectual y espiritual del Occidente no es tan total, no es tan irremediable que se deba excluir toda esperanza de un enderezamiento. Era por tanto normal, en esta perspectiva, que René

Guénon se limitara, en lo que respecta a la tradición cristiana, a proporcionar algunas "claves", a indicar algunas vías de investigación. Es lo que ha hecho en capítulos y notas de sus diversas obras, en su *Esoterismo de Dante* y en los estudios que se encontrarán reunidos a continuación.

Pero esta actitud tan comprensible ha sido diversamente interpretada por lectores superficiales o sólo portadores de un conocimiento incompleto de la obra guénoniana y también por críticas no siempre desinteresadas. Nos parece por ello indispensable reunir aquí algunos de los textos en los cuales René Guénon ha expresado más claramente su posición con respecto al Cristianismo, y nos queda excusarnos por este recordatorio a lectores que han hecho una lectura atenta y completa de su obra.

El texto más importante desde el punto de vista que nos ocupa es sin duda el pasaje del *Roi du Monde* donde René Guénon, asimilando los Reyes Magos del Evangelio a los tres jefes del Centro Espiritual Supremo, escribe:

> "El homenaje así rendido al Cristo naciente, en los tres mundos que son su

dominio respectivo, por los representantes auténticos de la Tradición primordial, es al mismo tiempo, obsérvese bien, la prenda de la perfecta ortodoxia del Cristianismo con relación a ella"[2].

Por otra parte, hablando del mismo acontecimiento de la historia sagrada, René Guénon expresa la misma idea con una precisión suplementaria. Habiendo hecho alusión a Melquisedec que aparece, en la Biblia, revestido del doble carácter sacerdotal y real, prosigue: "En fin, Melquisedec no es el solo personaje que, en la Escritura, aparece con el doble carácter de sacerdote y de rey: en el Nuevo Testamento, en efecto, encontramos también la unión de esas dos funciones en los Reyes Magos, lo que puede hacer pensar que hay un lazo muy directo entre estos y Melquisedec, o, en otros términos, que se trata en los dos casos, de representantes de una sola y misma autoridad. Ahora bien, los Reyes Magos, por el homenaje que rinden al Cristo y por los presentes que le ofrecen, reconocen expresamente en él la fuente de esta autoridad en todos los

---

[2] 3ª edición, París, 1950, p. 32.

dominios donde se ejerce: el primero le ofrece oro y le saluda como rey; el segundo le ofrece incienso y le saluda como sacerdote; en fin, el tercero le ofrece mirra o el bálsamo de incorruptibilidad y le saluda como profeta o Maestro espiritual por excelencia lo que corresponde directamente al principio común de los dos poderes sacerdotal y real. El homenaje es así rendido a Cristo desde su nacimiento humano, en los "tres mundos" de los que hablan todas las doctrinas orientales: el mundo terrestre, el mundo intermediario y el mundo celestial; y aquellos que lo rinden no son otros que los depositarios auténticos de la tradición primordial, los guardianes del depósito de la Revelación hecha a la Humanidad desde el paraíso terrestre. Tal es al menos la conclusión que, para nosotros, se desprende muy claramente de la comparación de los testimonios concordantes que se encuentran al respecto en todos los pueblos; y además, bajo las diversas formas de las que se revistió en el curso de los tiempos, bajo los velos más o menos espesos que la disimularon a veces a las miradas de los que se atenían a las apariencias exteriores, esta gran tradición primordial fue siempre en realidad la única verdadera religión de la humanidad entera. La gestión de los representantes de esta tradición, tal como el Evangelio nos la relata, ¿no debería, si se comprendiera bien de qué se trata, ser considerada como una de las más bellas pruebas de la divinidad de Cristo, al mismo tiempo que como el reconocimiento decisivo del sacerdocio y de la realeza supremas que le pertenecen verdaderamente "según el Orden de Melquisedec?"[3].

En efecto, el Cristianismo en el cual piensa René Guénon no es aquel de los pseudo-esoteristas que no ven en el Cristo nada más que un "gran iniciado" y menos el de los protestantes liberales, sino el Cristianismo auténtico de las Iglesias apostólicas:

> "... El Protestantismo es ilógico en tanto que esforzándose por "humanizar" la religión, deja aún subsistir, a pesar de todo, al menos en teoría, un elemento suprahumano, que es la Revelación; no osa impulsar la negación hasta el fin, pero, librando esta revelación a todas las

---

[3] "Le Christ prêtre et roi", artículo publicado en la revista "Le Christ Roi".

discusiones que son la consecuencia de interpretaciones puramente humanas, la reduce de hecho a no ser apenas ya nada; y cuando se ve a gentes que, aun persistiendo en denominarse "cristianas", no admiten incluso ya la divinidad del Cristo, está permitido el pensar que ellos, sin quizás percatarse, están mucho más cerca de la negación completa que del verdadero Cristianismo"[4].

Lo que era cierto en la época de la Reforma lo es aún hoy:

" ...es muy cierto...que sólo en el Catolicismo se ha mantenido lo que subsiste todavía, a pesar de todo, de espíritu tradicional en Occidente; es decir que, ahí al menos, ¿podría hablarse de conservación integral de la tradición, al abrigo del alcance del espíritu moderno? Desgraciadamente, no parece que sea así; o, para hablar más exactamente, si el depósito de la tradición ha permanecido intacto, lo que es ya mucho, es bastante dudoso que su sentido profundo

---

[4] *La Crise du Monde moderne*, 2ª edición, 1946, pags. 75-76.

sea todavía comprendido efectivamente, incluso por una élite poco numerosa, cuya existencia se manifestaría sin duda por una acción o sobre todo por una influencia que, de hecho, no comprobamos en ninguna parte. Se trata, pues, más verosímilmente de lo que llamaríamos de buena gana una conservación en estado latente, que permite siempre a los que sean de ello capaces, reencontrar el sentido de la tradición, cuando incluso este sentido no fuera actualmente consciente para nadie..."[5].

Las citas que preceden, por importantes que sean, demandan sin embargo otras precisiones. Por el hecho de que el Cristianismo ocupa relativamente poco lugar en la obra de René Guénon tomada en su conjunto, por el hecho de que éste no se ha afanado en poner a la luz su contenido metafísico e iniciático, algunos se han creído autorizados para concluir que Guénon consideraba al Cristianismo como una forma tradicional regular y ortodoxa, ciertamente, pero en cierto modo incompleta en el aspecto del

---

[5] Ob. citada, p. 76.

conocimiento metafísico. René Guénon se ha opuesto de antemano, y durante mucho tiempo, a tal deformación de su pensamiento. En 1925, en su conferencia sobre *La Metafísica Oriental*, Guénon hacía una declaración que no deja lugar a ningún equívoco. Tras haber hablado de la "metafísica parcial" de Aristóteles y de sus continuadores, él decía:

> "Tenemos, por nuestra parte, la certidumbre de que hubo algo más que eso en Occidente, en la Antigüedad y en la Edad Media, que hubo, para uso de una élite, doctrinas puramente metafísicas y que podemos llamar completas, comprendiendo aquí esta realización que, para la mayor parte de los modernos, es sin duda una cosa apenas concebible"[6].

Ahora bien, en Occidente y en la Edad Media y sabemos que cuando Guénon habla de la Edad Media, encara sobre todo el período de la Edad Media latina que se extiende desde el reinado de Carlomagno hasta principios del siglo XIV- las doctrinas puramente metafísicas y completas, así

---

[6] *La Métaphysique Orientale*, 3ª edición, 1951, p. 14.

como los métodos de realización correspondientes, no podían depender sino del esoterismo cristiano y, más precisamente, de un esoterismo que tomaba su apoyo sobre el exoterismo religioso del Catolicismo romano[7]. La obra de René Guénon ha permitido a muchos el redescubrir e interpretar correctamente esas doctrinas generalmente olvidadas o mal comprendidas.

Los estudios reunidos en el presente volumen son en su mayor parte dedicados a organizaciones que René Guénon consideraba como habiendo sido en la Edad Media las depositarias de la enseñanza y de los métodos del esoterismo cristiano: Orden del Templo, Fieles de Amor, Caballería del Santo Grial.

Como tales constituyen un complemento a *El Esoterismo de Dante* y al *Rey del Mundo*. Los hemos puesto precedidos por dos estudios titulados "A propósito de las lenguas sagradas" y "Cristianismo e Iniciación". El primero, que pone al descubierto

---

[7] Uno de los testimonios más importantes que hayan llegado hasta nosotros de la existencia en la Edad Media de tales doctrinas, es la obra del Maestro Eckhart. Tenían sin duda su equivalente en la Cristiandad oriental.

la importancia de la lengua hebrea en el Cristianismo, indica la vía de investigación más importante quizás para un estudio en profundidad de las ciencias tradicionales y de los métodos del esoterismo cristiano. El segundo concierne a la estructura misma del Cristianismo en su doble aspecto religioso e iniciático.

Al término de este prólogo que hemos estimado indispensable hacer tan objetivo como fuera posible, no podemos no formular la cuestión que vendrá al espíritu de muchos lectores cuando hayan conocido esta corta obra: el esoterismo, en su pureza si no en su integridad, ¿ha permanecido vivo en alguna parte en el seno del Cristianismo latino? En una nota redactada en los últimos meses de su vida (diciembre de 1949) y reproducida en este libro, René Guénon consideraba esta posibilidad.

¿Cómo podría sorprendernos? Remitámonos a las palabras que no pasarán. Por una parte:

"...Y yo, te lo digo: tu eres Pedro y sobre esta piedra edificaré mi Iglesia, y las puertas del infierno no prevalecerán contra ella"[8].

Y por otro lado:

"...Pedro, volviéndose vió, siguiéndolos, al discípulo que Jesús amaba, aquel que, durante la Cena, había reposado sobre el pecho de Jesús... Pedro pues, viéndole, dijo a Jesús: "Y este, Señor, ¿que hará?". Jesús le dijo: "Si yo quiero que permanezca hasta que yo venga, ¿qué te importa? Tú, sígueme". Por ello corrió el rumor, entre los hermanos, de que le discípulo no moriría. Sin embargo, Jesús no había dicho que no moriría, sino: "si quiero que él permanezca hasta que yo venga, ¿qué te importa?"[9].

La obra de Guénon no contradice eso, ciertamente.

Jean Rayor

---

[8] *San Mateo*, XV, 18.

[9] *San Juan*, XXI, 20-23.

Primera Parte

Estructura y características de la tradición cristiana

René Guénon

Capítulo I

A PROPÓSITO DE LAS LENGUAS SAGRADAS

Publicado en "Études Traditionnelles", abril-mayo de 1947.

Hemos puesto de manifiesto incidentalmente, hace algún tiempo[10], que el mundo occidental no tenía a su disposición ninguna lengua sagrada distinta del hebreo; hay en ello, a decir verdad, un hecho bastante extraño que requiere algunas observaciones, y aunque no se pretendan resolver las diversas cuestiones que se plantean a este respecto la cosa no carece de interés. Es evidente que si el hebreo puede desempeñar este papel en Occidente, es en razón de la filiación directa que existe entre las tradiciones judía y cristiana y de la

---

[10] Las «raíces de las plantas». En el nº de septiembre de 1946 de los "Études Traditionnelles".

incorporación de las Escrituras hebreas a los Libros Sagrados del Cristianismo mismo; pero se puede preguntar cómo éste no tiene una lengua sagrada que le pertenezca en propiedad, en lo cual su caso, entre las diferentes tradiciones, aparece como verdaderamente excepcional.

A este respecto, importa ante todo no confundir las lenguas sagradas con las lenguas simplemente litúrgicas[11]: para que una lengua pueda cumplir este último papel es suficiente en suma que esté «fijada», exenta de las continuas variaciones que sufren forzosamente las lenguas que son habladas comúnmente[12]; pero las lenguas sagradas son exclusivamente aquellas en las cuales son

---

[11] Esto es tanto más importante cuanto que hemos visto a un orientalista calificar de «lengua litúrgica» al árabe, que es en realidad una lengua sagrada, con la intención disimulada, pero bastante clara para quien sabe comprender, de despreciar la tradición islámica; y esto tiene relación con el hecho de que este mismo orientalista ha hecho en los países de lengua árabe, por lo demás sin éxito, una verdadera campaña para la adopción de la escritura en caracteres latinos.

[12] Preferimos decir aquí «lengua fijada» mejor que «lengua muerta» como es habitual hacerlo, pues en tanto que una lengua es empleada en usos rituales, no se puede decir que, desde el punto de vista tradicional, esté realmente muerta.

formuladas las Escrituras de las diferentes tradiciones. Es evidente que toda lengua sagrada es también al mismo tiempo, y con más razón, la lengua litúrgica o ritual de la tradición a la cual pertenece[13], pero lo inverso no es cierto; así, el griego y el latín pueden perfectamente, del mismo modo que algunas otras lenguas antiguas[14], jugar el papel de lenguas litúrgicas para el Cristianismo[15] pero no son de ninguna forma lenguas sagradas; si se les supone que han podido tener otras veces tal carácter[16] eso sería en todo caso en tradiciones

---

[13] Decimos litúrgica o ritual, puesto que el primero de estos dos términos no se aplica propiamente más que a las formas religiosas. Mientras que el segundo tiene un significado del todo general y que conviene igualmente a todas las tradiciones.

[14] Particularmente el sirio, el copto y el eslavo antiguo, en uso en distintas Iglesias orientales.

[15] Quede claro que tenemos en cuenta nada más las ramas regulares y ortodoxas del Cristianismo. El Protestantismo bajo todas sus formas no hace uso más que de las lenguas vulgares, por lo que no se puede hablar propiamente de que tenga una Liturgia.

[16] El hecho de que no conozcamos los Libros Sagrados escritos en esas lenguas no permite descartar absolutamente esta suposición, pues ciertamente han existido en la antigüedad muchas cosas que no nos han llegado; ésta es de las cuestiones que sería seguramente muy difícil resolver actualmente, como por ejemplo, en lo que concierne a la tradición romana, la del verdadero carácter de los

desaparecidas y con las cuales el Cristianismo no tiene evidentemente ninguna relación de filiación.

La ausencia de lengua sagrada en el Cristianismo se convierte aún en más sorprendente desde que se pone de manifiesto que, incluso por lo que respecta a las Escrituras hebreas, cuyo texto primitivo existe sin embargo, se sirve «oficialmente» de traducciones griegas y latinas[17]. En cuanto al Nuevo Testamento, se sabe que el texto sólo se conoce en griego, y que sobre éste han sido hechas todas las versiones en otras lenguas, incluso en hebreo y en sirio; así, al menos para los Evangelios, es imposible admitir con seguridad que sea esa su verdadera lengua, queremos decir en la que las palabras de Cristo fueron pronunciadas. Es posible sin embargo que no hayan sido escritos nunca efectivamente más que en griego, habiendo sido transmitidos precedentemente de manera oral en la lengua original[18]; pero se puede preguntar

---

Libros Sibilinos, así como la de la lengua en la cual fueron redactados.

[17] La versión de los Setenta y la Vulgata.

[18] Esta simple acotación sobre la cuestión de la transmisión oral debería bastar para reducir a nada todas las discusiones de los «críticos» sobre la pretendida fecha de los Evangelios, y bastaría en

entonces por qué motivo la fijación escrita, en cuanto ha tenido lugar, no se ha hecho también en esa lengua, y esta es una cuestión a la cual sería difícil responder. Sea como fuere, todo esto no deja de presentar ciertos inconvenientes por diversas razones, pues sólo una lengua sagrada puede asegurar la invariabilidad rigurosa del texto de las Escrituras; las traducciones varían necesariamente de una lengua a otra y, además, nunca pueden ser más que aproximadas, teniendo cada lengua sus modos propios de expresión que no corresponden exactamente a los de las otras[19]; incluso cuando guardan tanto como es posible el sentido exterior y literal, aportan en todo caso bastantes obstáculos a la penetración en los demás sentidos más profundos[20] y podemos darnos cuenta así de

---

efecto, si los defensores del Cristianismo no estuvieran ellos mismos más o menos afectados por el espíritu antitradicional del mundo moderno.

[19] Este estado de cosas no deja de favorecer los ataques de los «exégetas» modernos; incluso si existiesen textos en lengua sagrada, ello no les impediría sin duda discutir, como profanos que son, pero al menos sería entonces más fácil, para todos aquellos que guardan aún algo del espíritu tradicional, no creerse obligados a tener en cuenta sus pretensiones.

[20] Ello es particularmente visible para las lenguas sagradas, donde los caracteres tienen un valor numérico o propiamente jeroglífico,

algunas dificultades del todo especiales que presenta el estudio de la tradición cristiana para el que no quiere atenerse a las simples apariencias más o menos superficiales.

Ha de quedar claro que todo ello no quiere decir de ninguna manera que no haya razones para que el Cristianismo tenga el carácter excepcional de ser una tradición sin lengua sagrada, debe por el contrario haberlas muy ciertamente, pero es necesario reconocer que no aparecen claramente a primera vista, y sin duda sería necesario, para llegar a desentrañarlas, un trabajo considerable que no podemos emprender aquí; por lo demás, todo lo que toca a los orígenes del Cristianismo y a sus primeros tiempos está desgraciadamente envuelto en muchas oscuridades. Se podría preguntar también si no hay alguna relación entre ese carácter y otro que no deja de ser menos singular: y es que el Cristianismo no posee el equivalente de la parte propiamente «legal» de otras tradiciones; esto es tan cierto que, para suplirla, ha debido adaptar a su uso el antiguo derecho romano, haciendo además algunos añadidos, pero que no tienen su fuente en

---

que tiene frecuentemente una gran importancia desde este punto de vista, y del cual una traducción cualquiera no deja evidentemente subsistir nada.

las Escrituras mismas[21]. Relacionando estos dos hechos por una parte, y recordando además, como ya lo hemos puesto de manifiesto en otras ocasiones, que algunos ritos cristianos aparecen, en cierto modo, como una «exteriorización» de ritos iniciáticos, se podría preguntar incluso si el Cristianismo original no fue en realidad algo muy diferente de todo lo que se puede pensar actualmente; si no en cuanto a la doctrina[22], al menos en cuanto a los fines con vistas a los cuales fue constituido[23]. No hemos querido aquí, por

---

[21] Se podría decir, sirviéndonos de un término perteneciente a la tradición islámica, que el Cristianismo no tiene *shariya*; ello es tanto más notable que, en la filiación tradicional que se puede denominar "abrahámica", él se sitúa entre el Judaísmo y el Islamismo, que tienen al contrario uno y otro una *shariya* muy desarrollada.

[22] O, quizá sería necesario decir mejor, a la parte de la doctrina que ha permanecido generalmente conocida hasta nuestros días; ésta no ha cambiado, ciertamente, pero es posible que haya otras enseñanzas, y ciertas alusiones de los Padres de la Iglesia, apenas parecen poder comprenderse de otra manera; los esfuerzos hechos por los modernos para aminorar el alcance de tales alusiones no prueban en suma más que las limitaciones de su propia mentalidad.

[23] El estudio de estas cuestiones nos llevaría a suscitar la de las relaciones del Cristianismo primitivo con el Esenismo, que es además bastante mal conocido, pero del que se sabe al menos que constituía una organización esotérica relacionada con el Judaísmo; se han dicho sobre eso muchas cosas fantásticas. pero éste es todavía

nuestra parte, mas que exponer simplemente estas cuestiones, a las cuales no pretendemos dar ciertamente una respuesta; pero, dado el interés que presentan desde más de un punto de vista, sería muy de agradecer que alguien que tuviera a su disposición el tiempo y los medios de hacer las investigaciones necesarias, pudiese un día u otro aportar algunas aclaraciones.

---

un punto que merecería ser examinado seriamente.

Capítulo II

CRISTIANISMO E INICIACIÓN

Publicado originalmente en "Études Traditionnelles", septiembre, octubre, noviembre y diciembre de 1949.

No teníamos la intención de volver sobre las cuestiones concernientes al carácter propio del Cristianismo, pues pensábamos que lo que habíamos dicho en diversas ocasiones, aunque fuese más o menos incidentalmente, era al menos suficiente para que no pudiese haber ningún equívoco a este respecto[24].

---

[24] No hemos podido dejar de sorprendernos al ver que algunos han encontrado que *Apreciaciones sobre la Iniciación*, concernía mucho más directamente al Cristianismo que nuestras demás obras; podemos asegurarles que allí, tanto como en otras partes, no hemos intentado hablar de ello más que en la medida que era estrictamente necesario para la comprensión de nuestra exposición y, podríamos decir, en función de las diferentes cuestiones que tenemos que tratar en el curso de aquella. Lo que nos parece apenas menos sorprendente es que los lectores que aseguran haber seguido atenta y constantemente todo lo que hemos escrito, hayan creído encontrar en ese libro algo nuevo a este respecto, puesto que en todos los

Desgraciadamente, hemos debido comprobar en estos últimos tiempos que no ha sido así, y que se han producido por contra sobre este tema, en el espíritu de un número bastante grande de nuestros lectores, confusiones más bien lamentables, lo que nos ha mostrado la necesidad de dar de nuevo algunas precisiones sobre ciertos puntos. No nos hemos decidido más que a regañadientes, pues debemos advertir que no hemos sentido nunca ninguna inclinación a tratar especialmente este tema, por diversas razones, la primera de las cuales es la oscuridad casi impenetrable que envuelve todo lo que se relaciona con los orígenes y los primeros tiempos del Cristianismo, oscuridad tal que, si se reflexiona bien, parece no poder ser simplemente accidental y haber sido expresamente deseada; esta puntualización conviene recordarla al menos, en conexión con lo que diremos seguidamente.

A pesar de todas las dificultades que resultan de tal estado de cosas, hay sin embargo al menos un punto que no parece dudoso y que además no ha

---

puntos que nos han señalado, no hemos hecho por el contrario más que reproducir pura y simplemente las consideraciones que ya habíamos desarrollado en algunos de nuestros artículos aparecidos anteriormente en *Le Voile d'Isis y Études Traditionnelles*.

sido contestado por ninguno de los que nos han hecho partícipes de sus observaciones, pero sobre el cual, por contra, algunos se apoyan para formular varias de sus objeciones: es que, lejos de ser la religión o la tradición exotérica que se conoce actualmente bajo este nombre, el Cris-tianismo en sus orígenes tuvo, tanto por sus ritos como por su doctrina, un carácter esencialmente esotérico y por consecuencia iniciático. Se puede encontrar una confirmación de ello en el hecho de que la tradición islámica considera al Cristianismo primitivo como habiendo sido propiamente una *tarîqah*, es decir en suma una vía iniciática, y no una *shari'ah* o legislación de orden social y dirigida a todos; y esto es de tal forma cierto que, seguidamente, esta carencia se tuvo que suplir con la constitución de un derecho «canónico»[25] que no fue en realidad más que una adaptación del antiguo derecho romano, así pues algo que vino completamente del exterior y no de un desarrollo de lo que estaba contenido desde el principio en el

---

[25] A este respecto, no carece quizás de interés el subrayar que, en árabe, la palabra *qanûn*, derivada del griego, se emplea para designar toda ley adoptada por razones puramente contingentes y no formando parte integrante de la *sha'ria* o de la legislación tradicional.

Cristianismo.

Es por lo demás evidente que no se encuentra ninguna prescripción en el Evangelio que pueda ser considerada de carácter verdaderamente legal en el sentido propio del término; la frase bien conocida: «Dad al César lo que es del César» nos parece particularmente significativa a este respecto, pues implica formalmente, para todo lo que es de orden exterior, la aceptación de una legislación completamente extraña a la tradición cristiana, y que es simplemente la que existía de hecho en el medio donde ésta tuvo su nacimiento, dado que por entonces estaba incorporada al Imperio romano. Esta sería, sin duda, una laguna de las más graves si el Cristianismo hubiese sido en aquel entonces lo que ha llegado a ser más tarde; la existencia misma de tal laguna sería no solamente inexplicable sino verdaderamente inconcebible para una tradición ortodoxa y regular, si esta tradición debía realmente comportar un exoterismo, y si debía, podríamos decir, aplicarse ante todo al dominio exotérico; por contra, si el Cristianismo tenía el carácter que acabamos de decir, la cosa se explica sin problemas, pues no se trata en absoluto de una laguna sino de una abstención intencionada de intervenir en un dominio que, por definición, no podía concernirle en esas condiciones.

Para que esto haya sido posible, es necesario que la Iglesia cristiana, en los primeros tiempos, haya constituido una organización cerrada o reservada, en la cual no todos eran admitidos indistintamente, sino solamente los que poseyeran las cualificaciones necesarias para recibir válidamente la iniciación bajo la forma que se puede llamar «crística»; y se podrían sin duda encontrar aún muchos indicios que muestran que fue efectivamente así, aunque sean generalmente incomprendidos en nuestra época y que, debido a la tendencia moderna a negar el esoterismo, se busca a menudo, de una manera más o menos consciente, desviarlos de su verdadero significado[26].

Esta Iglesia fue en suma comparable, bajo este

---

[26] A menudo hemos tenido la ocasión de comprobar claramente esta manera de proceder en la interpretación actual de los Padres de la Iglesia. y más particularmente de los Padres griegos: se esfuerzan, tanto como es posible, en sostener que es erróneo que se quiera ver en ellos alusiones esotéricas y cuando la cosa llega a ser completamente imposible, ¡no vacilan en quejarse y declarar que ha habido por su parte una desagradable debilidad!

punto de vista, al *Sangha* búdico, donde la admisión tenía también caracteres de una verdadera iniciación[27], y que se tiene la costumbre de asimilar a una «orden monástica», lo que es justo al menos en el sentido de que sus estatutos particulares no estaban, como los de una orden monástica en el sentido cristiano del término, hechos para ser extendidos a todo el conjunto de la sociedad en el seno de la cual esta organización había sido establecida[28]. El caso del Cristianismo, desde este punto de vista, no es único entre las diferentes formas tradicionales conocidas, y esta comprobación nos parece que es de una naturaleza capaz de disminuir la sorpresa que algunos podrían manifestar; es quizá más difícil de explicar que haya sido cambiada de carácter tan completamente como lo muestra todo lo que vemos en torno

---

[27] Ver A. K. Coomaraswamy: *La ordenación búdica ¿es una iniciación?* en el nº de julio de 1939 de *Études Traditionnelles*.

[28] Es esta extensión ilegítima la que da lugar posteriormente, en el Budismo indio, a ciertas desviaciones tales como la negación de las castas; el Buda no tenía que tenerlas en cuenta en el interior de una organización cerrada cuyos miembros debían, en principio al menos, estar más allá de su distinción; pero querer suprimir esta misma distinción en el medio social completo constituyó una herejía formal desde el punto de vista de la tradición hindú.

nuestro, pero no es aún el momento de examinar esta cuestión.

He aquí ahora la objeción que nos ha sido dirigida y a la cual hacíamos alusión anteriormente: puesto que los ritos cristianos, y en particular los sacramentos, han tenido un carácter iniciático, ¿cómo han podido perderlo para llegar a ser simplemente ritos exotéricos? Esto es imposible y contradictorio, nos dicen, porque el carácter iniciático es permanente e inmutable y no podría ser borrado nunca, de manera que sería necesario admitir solamente que, a causa de las circunstancias y de la admisión de una gran mayoría de individuos no cualificados, lo que fue primitivamente una iniciación efectiva se redujo a tener el valor de una iniciación virtual. Ahí hay un error que nos parece del todo evidente: la iniciación como lo hemos explicado muchas veces, confiere en efecto a los que la reciben un carácter que es adquirido de una vez por todas y que es verdaderamente imborrable, pero esta noción de la permanencia del carácter iniciático se aplica a los seres humanos que la poseen y no a los ritos o a la acción de la influencia espiritual a la cual estos están destinados a servir de vehículo; es absolutamente injustificado querer traspasarla de uno de estos casos al otro, lo que en realidad viene a atribuirle un significado totalmente diferente, y estamos seguros de no haber dicho nunca nada que pudiese dar lugar a una confusión parecida. Como apoyo de esta objeción, se hace valer que la acción que se ejerce por los sacramentos cristianos es referida al Espíritu Santo, lo que es perfectamente exacto, pero completamente al margen de la cuestión; que además la influencia espiritual sea designada así conforme al lenguaje cristiano, o de otra forma según la terminología propia de tal o cual tradición, ello no afecta a que sea igualmente cierto que su naturaleza es esencialmente trascendente y supraindividual, pues si no fuese así, no sería una influencia espiritual lo que tendría lugar, sino una sim-ple influencia psíquica; admitido esto, ¿qué es lo que podría impedir que la misma influencia o una influencia de la misma naturaleza actuase según las diferentes modalidades y en dominios igualmente diferentes? y, por lo demás, dado que esta influencia es en sí misma de orden trascendente, ¿sería necesario que sus efectos lo sean necesariamente también en todos los casos?[29]. No vemos del todo por qué

---

[29] Haremos hincapié incidentalmente en que esto tendría claramente

motivo tendría que ser así, y tenemos la certeza de lo contrario; en efecto, hemos tenido siempre el mayor cuidado en indicar que una influencia espiritual interviene tanto en los ritos exotéricos como en los iniciáticos, pero es evidente que los efectos que producen no podrían ser de ninguna forma del mismo orden en ambos casos, sin lo cual la distinción de ambos dominios no subsistiría ya[30]. Tampoco comprendemos qué tendría de inadmisible que la influencia que opera por medio de los sacramentos cristianos, después de haber actuado primero en el orden iniciático, después, en otras condiciones y por razones dependientes de esas mismas condiciones, haya hecho descender su acción al dominio simplemente religioso y exotérico, de tal manera que sus efectos hayan estado desde entonces limitados a ciertas posibilidades de orden exclusivamente individual,

---

como consecuencia el impedir a las influencias espirituales la producción de efectos concernientes simplemente al orden corporal, como las curaciones milagrosas por ejemplo.

[30] Si la acción del Espíritu Santo no se ejerciera más que en el dominio esotérico, porque es el único verdaderamente trascendente, preguntaríamos también a nuestros contradictores, que son católicos, lo que sería necesario pensar de la doctrina según la cual interviene en la formulación de los dogmas más evidentemente exotéricos.

teniendo como fin la «salvación», y esto conservando no obstante, en cuanto a las apariencias exteriores, los mismos soportes rituales, siendo éstos de institución crística y sin los que no hubiese habido tradición propiamente cristiana. Que haya sido realmente así de hecho y que, por consiguiente, en el estado presente de cosas y desde una época muy alejada, ya no se pueda considerar de ninguna forma los ritos cristianos como teniendo un carácter iniciático, es sobre lo que nos va a ser preciso insistir con más precisión; pero debemos además hacer hincapié en que hay cierta impropiedad de lenguaje al decir que han «perdido» ese carácter; como si ese hecho hubiese sido puramente accidental, pues pensamos por el contrario, que ha debido tratarse de una adaptación que, a pesar de las consecuencias lamentables que ha tenido forzosamente en ciertos aspectos, fue plenamente justificada y necesaria por las circunstancias de tiempo y lugar.

Si se considera en qué estado, en la época de que se trata, estaba el mundo occidental, es decir el conjunto de los países que entonces estaban comprendidos en el Imperio romano, podemos darnos cuenta fácilmente que si el Cristianismo no hubiese «descendido» al dominio exotérico, ese mundo en su conjunto habría estado desprovisto de toda tradición, ya que las que existían hasta entonces, y particularmente la tradición grecorromana que habitualmente se había convertido en la predominante, había llegado a una extrema degeneración que indicaba que su ciclo de existencia estaba a punto de terminarse[31]. Este «descenso», insistimos, no fue pues de ninguna manera un accidente o una desviación, y se debe, por contra, considerarlo como habiendo tenido un carácter verdaderamente «providencial», puesto que evitó a Occidente caer desde esa época en un estado que hubiese sido en suma comparable al que se encuentra actualmente. El momento en que debía producirse una pérdida general de la tradición como la que caracteriza propiamente a los tiempos modernos no había llegado aún; era

---

[31] Quede bien entendido que, hablando del mundo occidental en su conjunto, hacemos excepción de una élite que no solamente comprendiera aún su propia tradición desde el punto de vista exterior, sino que, además, continuaría recibiendo la iniciación de los misterios; la tradición habría podido mantenerse así durante más o menos tiempo en un medio cada vez más restringido, pero esto está fuera de la cuestión que consideramos ahora, puesto que es de la generalidad de los occidentales de lo que aquí tratamos y por ello el Cristianismo debía venir a reemplazar a las antiguas formas tradicionales en el momento en que ellas se redujeron a no ser más que «supersticiones» en el sentido etimológico de la palabra.

preciso, que hubiese un «enderezamiento», y únicamente el Cristianismo podía operarlo, pero a condición de renunciar al carácter esotérico y «reservado» que tenía al principio[32]; y así el «enderezamiento» no fue sólo genérico para la humanidad occidental, lo que es muy evidente para que haya lugar a insistir, sino que estuvo al mismo tiempo, como lo está además necesariamente toda acción «providencial» que interviene en el curso de la historia, en perfecto acuerdo con las leyes cíclicas.

Sería probablemente imposible asignar una fecha precisa a ese cambio que hizo del Cristianismo una religión en el sentido propio de la palabra y una forma tradicional dirigida a todos indistintamente, pero lo que es cierto en todo caso es que fue ya un hecho consumado en la época de Constantino y del Concilio de Nicea, de forma que éste no fue más que el «sancionador», si así puede decirse, inaugurando la era de las formulaciones «dogmáticas» destinadas a constituir una

---

[32] A este respecto, se podría decir que el paso del esoterismo al exoterismo constituyó un verdadero «sacrificio» lo que es, por lo demás, verdadero para todo descenso del espíritu.

presentación puramente exotérica de la doctrina[33]. Esto no podía funcionar sin algunos inconvenientes inevitables, pues el hecho de encerrar así la doctrina en unas fórmulas claramente definidas y limitadas dejaba mucho más difícil, incluso a los que eran realmente capaces, la penetración en el sentido profundo; además, estando las verdades de orden más propiamente esotérico por su misma naturaleza, lejos del alcance de la mayoría, no podían ser presentadas sino como «misterios» en el sentido que esta palabra ha tomado vulgarmente, es decir, que a los ojos del común, no debían tardar en aparecer como algo que era imposible de comprender e incluso vedado el buscar su profundización. Estos inconvenientes no obstante, no fueron tales que pudiesen oponerse a la constitución del Cristianismo en la forma tradicional exotérica o en impedir su legitimidad,

---

[33] Al mismo tiempo, la «conversión» de Constantino implicó el reconocimiento por un acto de alguna manera oficial de la autoridad imperial, del hecho de que la tradición greco-romana debía ser considerada como extinguida, aunque naturalmente hubiesen subsistido aún bastante tiempo restos que no pudieron más que ir degenerando cada vez más antes de desaparecer definitivamente y que son lo que fue designado un poco más tarde con el término despectivo de «paganismo».

dada la inmensa ventaja que debía resultar, como ya lo hemos dicho, para el mundo occidental; por lo demás, si el Cristianismo como tal cesó por ello de ser iniciático, permaneció aún la posibilidad de que subsistiese en su interior una iniciación específicamente cristiana para la élite que no podía atenerse sólo al punto de vista del exoterismo y encerrarse en las limitaciones que son inherentes a éste; pero esa es otra cuestión que tendremos que examinar un poco más tarde.

Por otra parte, es de resaltar que ese cambio en el carácter esencial y podríamos decir, en la naturaleza misma del Cristianismo, explica perfectamente que, como decíamos al principio, todo lo que lo había precedido haya sido voluntariamente cubierto de oscuridad, y no habría podido ser de otra manera. Es evidente en efecto, que la naturaleza del Cristianismo original, en tanto que era esencialmente esotérica e iniciática, debía permanecer completamente ignorada para aquellos que eran ahora admitidos en el Cristianismo convertido en exoterismo; por consiguiente, todo lo que pudiese dar a conocer o solamente suponer lo que había sido realmente el Cristianismo en sus principios debía ser recubierto para aquellos con un velo impenetrable. Hay que aclarar que nosotros no hemos investigado por qué medios ha podido obtenerse tal resultado, eso sería más bien asunto de los historiadores, si tal vez tuviesen la intención de proponerse esa pregunta, que por lo demás les parecería sin duda como prácticamente insoluble, a falta de poder aplicarle sus métodos habituales y de apoyarse sobre «documentos» que manifiestamente no podrían existir en tal caso; pero lo que nos interesa aquí es solamente verificar el hecho y comprender su verdadera razón. Añadiremos que en estas condiciones y contrariamente a lo que podrían pensar los amantes de explicaciones racionales, que son siempre explicaciones superficiales y «simplistas», no se puede atribuir de ninguna manera este «oscurecimiento» de los orígenes a una ignorancia evidentemente imposible en aquellos que debieron ser tanto más conscientes de la transformación del Cristianismo, cuanto que habían tomado parte más o menos directamente en ella, ni pretender según un prejuicio bastante respaldado entre los modernos que prestan gustosamente a los demás su propia mentalidad, que hubiese habido por su parte una maniobra «política» e interesada, de la que no vemos muy bien qué provecho les habría podido reportar efectivamente; la verdad es, por el contrario, que esto fue rigurosamente exigido por la naturaleza misma de las cosas a fin de mantener, de conformidad con la ortodoxia tradicional, la distinción profunda de ambos dominios exotérico y esotérico[34].

Algunos podrían quizá preguntarse lo que les ocurrió, con semejante cambio, a las enseñanzas de Cristo, que constituyen el fundamento del Cristianismo por definición, y de las que no podría deshacerse sin dejar de merecer su nombre, sin contar que no se ve lo que podría sustituirlas sin comprometer el carácter «no humano» fuera del cual no hay ninguna tradición auténtica. En realidad, estas enseñanzas no han sido tocadas por ello, ni modificadas de ninguna forma en su

---

[34] Hemos hecho hincapié en que la confusión entre estos dos dominios es una de las causas que dan nacimiento frecuentemente a las «sectas» heterodoxas, y no es dudoso que de hecho, entre las antiguas herejías cristianas, hay cierto número que no tuvieron otro origen que ése; se explican tanto mejor por ello las precauciones que fueron tomadas para evitar esta confusión en la medida de lo posible, y de las que no se podría contestar su eficacia a este respecto, incluso si, desde otro punto de vista completamente distinto, habría que lamentar que hayan tenido por efecto secundario el aportar a un estudio profundo y completo del Cristianismo dificultades casi insalvables.

«literalidad», y la permanencia del texto de los Evangelios y de los demás escritos del Nuevo Testamento que se remontan evidentemente al primer periodo del Cristianismo, constituye una prueba suficiente[35]; lo que ha cambiado es solamente su comprehensión, o si se prefiere, la perspectiva según la cual son considerados y el significado que les es dado en consecuencia, sin que se pueda decir además que haya algo falso o ilegítimo en este significado, pues es evidente que las mismas verdades son susceptibles de recibir una aplicación en dominios diferentes, en virtud de las correspondencias que existen entre todos los órdenes de realidad. Sólo que hay conceptos que, concerniendo especialmente a aquellos que siguen una vía iniciática y aplicables por consiguiente en un medio restringido y en cierto modo cualitativamente homogéneo, llegan a ser impracticables de hecho si se los quiere extender a todo el conjunto de la sociedad humana; es esto lo que se reconoce bastante explícitamente al

---

[35] ncluso si se admitieran, lo que no es nuestro caso, las pretendidas conclusiones de la «crítica» moderna que, con intenciones manifiestamente antitradicionales, se esfuerzan en atribuir a estos escritos fechas tan «tardías« como es posible, serían ciertamente aún anteriores a la transformación de la que hablamos aquí.

considerarlos solamente como «consejos de perfección», a los cuales no se da ningún carácter de obligación[36]; esto quiere decir que cada uno debe seguir la vía evangélica en la medida no sólo de su propia capacidad, lo cual es evidente, sino incluso de lo que le permitan las circunstancias contingentes en las que se encuentra localizado, y esto es en efecto todo lo que se puede exigir razonablemente a aquellos que no aspiran a superar la simple práctica exotérica[37]. Por otra parte, en lo que respecta a la doctrina propiamente dicha, si hay verdades que pueden ser comprendidas a la vez exotérica y esotéricamente, según que los sentidos se refieran a los diferentes grados de realidad, hay otras que, perteneciendo exclusivamente al esoterismo y no teniendo ninguna correspondencia fuera de éste, llegan a ser,

---

[36] No nos referimos a los abusos a los cuales este tipo de restricción o de «aminoración» ha podido a veces dar lugar, sino de las necesidades reales de una adaptación a un medio social que comprende individuos tan diferentes y desiguales como es posible en cuanto a su nivel espiritual y a los cuales un exoterismo debe, no obstante, dirigirse al mismo nivel y sin ninguna excepción.

[37] Esta práctica exotérica podría definirse como un mínimo necesario y suficiente para asegurar la «salvación», pues ella es el fin único al cual está efectivamente destinada.

como lo hemos dicho ya, completamente incomprensibles cuando se prueba a trasladarlos al dominio exotérico, y que deben limitarse entonces forzosamente a ser expresadas pura y simplemente bajo la forma de enunciados «dogmáticos», sin buscar nunca dar la menor explicación; son éstas las que constituyen propiamente lo que se ha convenido en llamar los «misterios» del Cristianismo. A decir verdad, la existencia misma de estos «misterios» sería completamente injustificable si no se admitiese el carácter esotérico del Cristianismo original; por contra, teniendo en cuenta esto, aparece como una consecuencia normal e inevita-ble de esa «exteriorización» que el Cristianismo, aun conservando la misma forma en cuanto a las apariencias, tanto en su doctrina como en sus ritos, haya llegado a ser la tradición exotérica y específicamente religiosa que conocemos hoy.

Entre los ritos cristianos, o más precisamente entre los sacramentos que constituyen su parte más esencial, los que presentan la mayor similitud con los ritos de iniciación y que consecuentemente deben ser considerados como su «exteriorización», si han tenido efectivamente ese carácter en su origen[38], son naturalmente, como ya lo hemos puesto de manifiesto, los que no pueden recibirse más que una sola vez, y ante todo, el bautismo. Éste, por el cual el neófito era admitido en la comunidad cristiana y de alguna manera «incorporado» a ella, debía evidentemente, en tanto que fue una organización iniciática, constituir la primera iniciación, es decir, el principio de los «misterios menores»; es además lo que indica claramente el carácter de «segundo nacimiento» que ha conservado, aunque con una aplicación diferente, al descender al dominio exotérico. Añadamos seguidamente, para no tener que volver sobre ello, que la confirmación parece haber marcado el acceso a un grado superior, y lo más verosímil es que éste correspondiese en principio al final de los «misterios menores»; en cuanto a la ordenación, que ahora da solamente la posibilidad de ejercer ciertas funciones, no puede ser más que la «exteriorización» de una iniciación

---

[38] Al decir aquí ritos de iniciación, entendemos por ello los que tienen propiamente por finalidad la comunicación misma de la influencia iniciática; es evidente que, fuera de estos, pueden existir otros ritos iniciáticos, es decir, reservados a una élite que ya haya recibido la iniciación; así, por ejemplo, se puede pensar que la Eucaristía primitivamente era un rito iniciático en este sentido, pero no un rito de iniciación.

sacerdotal, refiriéndose como tal a los «misterios mayores».

Para darse cuenta que, en lo que se podría llamar el segundo estado del Cristianismo, los sacramentos no tienen ya ningún carácter iniciático y no son realmente más que ritos puramente exotéricos, es suficiente en suma considerar el caso del bautismo, puesto que todo el resto depende directamente de él. En el origen, a pesar del «oscurecimiento» del que hemos hablado, se sabe al menos que para conferir el bautismo se tomaban precauciones rigurosas y que aquellos que debían recibirlo eran sometidos a una larga preparación. Actualmente, ocurre en cierto modo todo lo contrario, y parece haberse hecho todo lo posible para facilitar al extremo la recepción de este sacramento, puesto que no solamente es impartido a cualquiera indistintamente sin que se plantee ningún tipo de cualificación ni de preparación, sino que incluso puede ser conferido válidamente por cualquier creyente, mientras que los demás sacramentos no pueden serlo más que por aquellos sacerdotes y obispos que ejercen una función ritual determinada. Estas facilidades, así como el hecho de que los niños sean bautizados lo más pronto posible después de su nacimiento, lo que excluye evidentemente la idea de cualquier preparación, no pueden explicarse más que por un cambio radical en la concepción misma del bautismo, cambio a partir del cual fue considerado como una condición indispensable para la "salvación", y que debía consecuentemente ser asegurada para el mayor número posible de individuos mientras que primitivamente se trataba de algo distinto. Esta forma de considerar las cosas según la cual la «salvación», que es el fin de todos los ritos exotéricos, está ligada necesariamente a la admisión en la Iglesia cristiana, no es en suma más que una consecuencia de esta especie de «exclusivismo» que es, inevitablemente, inherente al punto de vista de todo exoterismo como tal. No creemos útil insistir más, pues está bastante claro que un rito que es conferido a los recién nacidos sin preocuparse de ninguna manera en determinar sus cualificaciones por algún medio, no podría tener el carácter y el valor de una iniciación, aun estando ésta reducida a ser simplemente virtual; vamos, por lo demás, a volver ahora mismo sobre la cuestión de la posibilidad de la subsistencia de una iniciación virtual por los sacramentos cristianos.

Señalaremos aún accesoriamente un punto que

no deja de tener importancia: y es que en el Cristianismo tal como es actualmente, y contrariamente a lo que fue al principio, todos los ritos sin excepción son públicos; todo el mundo puede asistir, incluso a los que parece que deberían ser particularmente «reservados», como la ordenación de un sacerdote o la consagración de un obispo, y con mayor razón a un bautismo o a una confirmación. Esto seria una cosa inadmisible si se tratase de ritos iniciáticos que normalmente no pueden ser cumplidos más que en presencia de los que hayan recibido ya la misma iniciación[39]; entre la publicidad de una parte y el esoterismo y la iniciación de la otra, hay evidentemente incompatibilidad. Si, no obstante, consideramos este argumento como secundario, es porque si no hubiese otros, se podría pretender que no hay en ello más que un abuso debido a cierta degeneración, como puede producirse a veces en

---

[39] Tras el artículo sobre la ordenación búdica que hemos mencionado precedentemente, presentamos a A. K. Coomaraswamy una cuestión al respecto; él nos confirmó que esta ordenación nunca era conferida más que en presencia de los miembros del *Sangha*, compuesto únicamente por los que la habían recibido ellos mismos, con exclusión no solamente de los extraños al Budismo, sino también de los adherentes "laicos", que no estaban en suma más que asociados "del exterior".

una organización iniciatica hasta perder su carácter propio; pero hemos visto que, precisamente, el descenso del Cristianismo al orden exotérico no debía de ninguna manera ser considerado como una degeneración y además las otras razones que exponemos bastan plena-mente para mostrar que, en realidad, no puede haber allí ninguna iniciación.

Si hubiese aún una iniciación virtual, como algunos lo han considerado en las objeciones que nos han hecho. y si, por consiguiente, aquellos que han recibido los sacramentos cristianos o incluso sólo el bautismo, no tuviesen desde entonces ninguna necesidad de buscar otra forma de iniciación sea cual sea[40], ¿cómo podríamos explicar la existencia de organizaciones iniciáticas específicamente cristianas, tales como las que han existido incontestablemente durante toda la Edad

---

[40] Mucho nos tememos, a decir verdad, que ahí está para muchos el principal motivo que les impulsa a querer persuadirse de que los ritos cristianos han guardado un carácter iniciático; en el fondo, querrían dispensarse de toda vinculación iniciática regular y poder, sin embargo, pretender la obtención de resultados de éste orden; incluso si admiten que esos resultados no pueden ser más que excepcionales en las condiciones presentes, cada uno se cree gustosamente destinado a estar entre las excepciones; ni que decir tiene que no hay en ello más que una deplorable ilusión.

Media, y cuál podría ser entonces su razón de ser puesto que sus ritos particulares fueron de alguna manera duplicados de los ritos ordinarios del Cristianismo? Se dirá que ellos constituyen o representan solamente una iniciación a los «Misterios menores», de manera que la búsqueda de otra iniciación vendría impuesta a los que tuvieran la voluntad de ir más lejos y acceder a los «Misterios mayores»; pero, además de que es muy inverosímil, por no decir más, que todos los que entraron en las organizaciones de las que hablamos hayan estado preparados para abordar ese dominio, hay contra tal suposición un hecho decisivo: es la existencia del hermetismo cristiano, puesto que, por definición, el hermetismo trata precisamente de los «Misterios menores»; y no hablemos de las iniciaciones de oficio, que se refieren también a este mismo dominio y que, aunque no pueden denominarse específicamente cristianas, no requieren por ello menos de sus miembros, en un medio cristiano, la práctica del exoterismo correspondiente.

Ahora es necesario prever otro equívoco, pues algunos podrían estar tentados a sacar de lo que precede una conclusión errónea pensando que, si los sacramentos no tienen ningún carácter iniciático, debe resultar que nunca pueden tener efectos de ese orden, a lo que no dejarían si duda de oponer algunos casos en los que parece que haya sido de otra manera; la verdad es que, en efecto, los sacramentos no pueden tener tales efectos en sí mismos, estando su eficacia propia limitada al dominio exotérico, pero hay sin embargo otra cosa que considerar a este respecto. En efecto, dado que existen iniciaciones pertenecientes especialmente a una forma tradicional determinada y tomando como base el exoterismo de ésta, los ritos exotéricos pueden, para aquellos que han recibido tal iniciación, ser transpuestos de algún modo a otro orden, en el sentido de que servirán como soporte para el trabajo iniciático mismo, y por consiguiente, para ellos, los efectos ya no estarán limitados sólo al orden exotérico como lo están para la generalidad de los adheridos a la misma forma tradicional; esto es así, tanto para el Cristianismo como para toda otra tradición, desde que hay o hubo propiamente una iniciación cristiana. Queda claro que, lejos de dispensar de la iniciación regular o de que pueda ocupar su lugar, este uso iniciático de los ritos exotéricos la presupone por contra esencialmente, como la condición a la cual las cualificaciones más excepcionales no podrían suplir, y sin la cual todo lo que sobrepasa el nivel ordinario no puede acabar como mucho más que en el misticismo, es decir en algo que, en realidad, no proviene aún más que del exoterismo religioso.

Se puede comprender fácilmente, por lo que acabamos de decir en último lugar, lo que fueron realmente aquellos que, en la Edad Media, dejaron escritos de inspiración manifiestamente iniciática y que hoy se comete comúnmente el error de tomar por «místicos» porque no se conoce nada más, pero que fueron ciertamente algo completamente diferente. No hay por qué suponer para nada que se haya tratado de casos de iniciación «espontánea», o de casos de excepción en los cuales una iniciación virtual que hubiese permanecido vinculada a los sacramentos hubiera podido devenir efectiva, mientras existían todas las posibilidades de una adhesión normal a alguna de las organizaciones iniciáticas regulares que existían en esa época, a menudo bajo la fachada de órdenes religiosas y en su interior, aunque no se confundían en ninguna forma con ellas. No podemos extendernos más para no alargar indefinidamente esta exposición, pero haremos hincapié en que es precisamente cuando esas iniciaciones dejaron de existir; o al menos de ser suficientemente accesibles para ofrecer aún realmente esas posibilidades de adhesión, cuando el misticismo propiamente dicho tuvo nacimiento, de manera que las dos cosas aparecen estrechamente ligadas[41]. Lo que decimos aquí no se aplica, por lo demás, más que a la Iglesia latina, y lo que es muy notable también es que en las Iglesias de Oriente no ha existido nunca misticismo en el sentido en que se entiende en el Cris-tianismo occidental desde el siglo XVI; este hecho puede hacernos pensar que una determinada iniciación del género de las que hacíamos alusión, ha debido mantenerse en esas Iglesias y, efectivamente, eso es lo que ocurre con el hesicasmo, cuyo carácter realmente iniciático no parece dudoso aun si, allí como en otros casos, ha sido más o menos disminuido en el curso de los tiempos modernos por una consecuencia natural de las condiciones generales de esta época, a las que apenas pueden escapar las iniciaciones que están

---

[41] No queremos decir que ciertas formas de iniciación cristiana no se hayan continuado más tarde, puesto que tenemos razones para pensar que subsiste aún algo actualmente, pero ello en medios tan restringidos que, de hecho, se lo puede considerar como prácticamente inaccesible, o bien, como vamos a decir ahora, en ramas del Cristianismo distintas de la Iglesia latina.

extremadamente poco difundidas, que lo hayan sido o que hayan decidido voluntariamente «cerrarse» más que nunca para evitar toda degeneración. En el hesicasmo, la iniciación propiamente dicha está esencialmente constituida por la transmisión regular de ciertas fórmulas exactamente comparables a la comunicación de los *mantras* en la tradición hindú y a la de los *wird* en las *turuq* islámicas; existe también toda una «técnica» de la invocación como medio propio de trabajo interior[42], medio bien distinto de los ritos cristianos exotéricos, aunque este trabajo no puede menos que encontrar también un punto de apoyo en ellos como lo hemos explicado, puesto que, con las fórmulas requeridas, la influencia a la cual sirven de vehículo ha sido transmitida válidamente, lo que implica naturalmente la existencia de una cadena iniciática ininterrumpida, dado que no se puede transmitir evidentemente más que lo que se ha recibido[43]. Esta es una cuestión que no podemos

---

[42] Una puntualización interesante a este propósito es que ésta invocación es designada en griego por el término *mnêmê*, «memoria» o «recuerdo», que es exactamente el equivalente al árabe *dhikr*.

[43] Es de resaltar que, entre los intérpretes modernos del Hesicasmo, hay muchos que se esfuerzan en «minimizar» la importancia de su

más que indicar aquí muy sumariamente, pero del hecho de que el hesicasmo está aún vivo en nuestros días, nos parece que sería posible encontrar por ese lado ciertas aclaraciones sobre lo que han podido ser los caracteres y los métodos de otras iniciaciones cristianas que desgraciadamente pertenecen al pasado.

Finalmente, para concluir podemos decir esto: a pesar de los orígenes iniciáticos del Cristianismo, éste, en su estado actual, no es ciertamente nada más que una religión, es decir una tradición de orden exclusivamente exotérico, y no tiene en sí mismo otras posibilidades que las de todo exoterismo; no lo pretende además de ninguna forma puesto que no se ha propuesto nunca otra cosa que obtener la «salvación». Una iniciación puede naturalmente superponérsele, y debería serlo normalmente para que la tradición fuese verdaderamente completa, poseyendo efectivamente ambos aspectos exotérico y esotérico; pero, en su forma occidental al menos,

---

parte propiamente «técni-ca», sea porque ello responde realmente a sus tendencias, sea porque piensan desprenderse así de ciertas críticas que proceden de un desconocimiento completo de las cosas iniciáticas, hay ahí, en todos los casos, un ejemplo de estas aminoraciones de las que hablábamos antes.

esta iniciación, de hecho, no existe en el presente.

Queda claro, por lo demás, que la observancia de los ritos exotéricos es plenamente suficiente para alcanzar la «salvación»; esto ya es mucho, sin duda, e incluso es todo lo que puede legítimamente pretender, hoy más que nunca, la inmensa mayoría de seres humanos; ¿pero qué deberán hacer, en estas condiciones, aquellos para los que según la expresión de algunos *mutaçawwufin* (sufíes), «el Paraíso es una prisión»?

René Guénon

Segunda Parte

De algunas organizaciones iniciáticas cristianas

René Guénon

Capítulo III

LOS GUARDIANES DE LA TIERRA SANTA

Publicado originalmente en "Le Voile d´Isis", agosto-setiembre de 1929. Retomado en Symboles de la Science Sacrée, cap. XI y en Aperçus sur l´Ésoterisme Chrétien, capítulo III.

Entre las atribuciones de las Órdenes de Caballería y más particularmente de los Templarios, una de las más conocidas, pero no de las mejor comprendidas en general, es la de "guardianes de Tierra Santa".

Sin duda, si se atiene uno al sentido más exterior, se encuentra una explicación inmediata de este hecho en la conexión existente entre el origen de esas Órdenes y las Cruzadas, pues, para los cristianos como para los judíos, ciertamente parece que la "Tierra Santa" no designa sino Palestina. Sin embargo, la cuestión se torna más compleja cuando se advierte que diversas organizaciones orientales cayo carácter iniciático no es dudoso, como los

"Asassíes" y los Drusos, han tomado igualmente ese mismo título de "guardianes de Tierra Santa". Aquí, en efecto, no puede tratarse ya de Palestina; y, por otra parte, es notable que esas organizaciones presenten un número considerable de rasgos comunes con las Ordenes de Caballería occidentales, y que incluso algunas de éstas hayan estado históricamente en relación con aquéllas. ¿Qué debe, pues, entenderse en realidad por "Tierra Santa", y a qué corresponde exactamente ese papel de "guardianes" que parece vinculado a un género de iniciación determinado al cual puede llamarse iniciación "caballeresca", dando a este término una extensión mayor de la que se le atribuye de ordinario pero que las analogías existentes entre las diversas formas de aquello de que se trata bastarían ampliamente para justificar?

Ya hemos mostrado en otro lugar, especialmente en nuestro estudio sobre *Le Roi du Monde*, que la expresión "Tierra Santa" tiene cierto número de sinónimos: "Tierra Pura, "Tierra de los Santos", "Tierra de los Bienaventurados", "Tierra de los Vivientes", "Tierra de Inmortalidad", que estas designaciones equivalentes se encuentran en las tradiciones de todos los pueblos, y que se aplican siempre esencialmente a un centro espiritual cuya localización en una región determinada, por lo demás, puede entenderse, según los casos literal o simbólicamente, o en ambos sentidos a la vez. Toda "Tierra Santa" se designa además por expresiones como 'las de "Centro del Mundo" o "Corazón del Mundo", lo cual requiere alguna explicación, pues estas designaciones uniformes, aunque diversamente aplicadas, podrían fácilmente llevar a ciertas confusiones. Si consideramos, por ejemplo, la tradición hebrea, vemos que se habla, en el *Sefer Yetsiráh*, del "santo Palacio" o "Palacio interior", que es el verdadero "Centro del Mundo", en el sentido cosmogónico del término; y vemos también que ese "santo Palacio" tiene su imagen en el mundo humano por la residencia, en cierto lugar, de la *Shejinah*, que es la "presencia real" de la Divinidad[44]. Para el pueblo de Israel, esa residencia de la *Shejinah* era el Tabernáculo (*Mishkan*), que por esa razón era considerado por él como el "Corazón del Mundo", pues constituía

---

[44] Véase nuestros artículos sobre "Le Coeur du Monde dans la Kabbale hébraique" y "La Terre Sainte et le Coeur du Monde", en la revista *Regnabit*, julio-agosto y setiembre-octubre de 1926. [Estos artículos habían sido retomados, por una parte, en *Le Roi du Monde* (1927), capítulos III y VI, y por otra debían serlo de nuevo en *Le Symbolisme de la Croix* (1931), caps. IV y VII.]

efectivamente el centro espiritual de su propia tradición. Este centro, por lo demás, no fue al comienzo un lugar fijo; cuando se trata de un pueblo nómada, como era el caso, su centro espiritual debe desplazarse con él, aunque permaneciendo siempre en el corazón de ese desplazamiento. "La residencia de la *Shejinah* - dice P. Vulliaud- solo se fijó el día que se construyó el Templo, para el cual David había preparado el oro, la plata y todo cuanto era necesario a Salomón para dar cumplimiento a la obra[45]. El Tabernáculo de la Santidad de *Jehovah*, la residencia de la *Shejinah*, es el *Sanctasanctorum* que es el corazón del Templo, el cual es a su vez el centro de Sión (Jerusalén), como la santa Sión es el centro de la Tierra de Israel, como la Tierra de Israel es el centro del mundo"[46]. Puede advertirse que hay aquí una serie de extensiones, dadas gradualmente a la idea de centro en las aplicaciones que de ella se hacen sucesivamente, de suerte que la

---

[45] Es bueno señalar que las expresiones aquí empleadas evocan la asimilación, frecuentemente establecida, entre la construcción del Templo, encarada en su significación ideal, y la "Gran Obra" de los hermetistas.

[46] *La Kabbale juive*, t. I, pág. 509.

denominación de "Centro del Mundo" o de "Corazón del Mundo" es finalmente extendida a la Tierra de Israel en su totalidad, en tanto que considerada como la "Tierra Santa"; y ha de agregarse que, en el mismo aspecto, recibe también, entre otras denominaciones, la de "Tierra de los Vivos". Se habla de la "Tierra de los Vivos que comprende siete tierras", y P. Vuillaud observa que "esta Tierra es Canaán, en la cual había siete pueblos[47]", lo cual es exacto en el sentido literal, aunque sea igualmente posible una interpretación simbólica. La expresión "Tierra de los Vivos" es exactamente sinónima de "morada de inmortalidad", y la liturgia católica la aplica a la morada celeste de los elegidos, que estaba en efecto figurada por la Tierra Prometida, puesto que Israel, al penetrar en ésta, debía ver el fin de sus tribulaciones. Desde otro punto de vista más, la Tierra de Israel, en cuanto centro espiritual, era una imagen del Cielo, pues, según la tradición judía, "todo lo que los israelitas hacen en la tierra se cumple según los tipos de lo que ocurre en el mundo celestial[48]. Lo que aquí se dice de los

---

[47] *La Kabbale juive*, t. II, pág. 116.

[48] *Ibid.*, t. I, pág. 501.

israelitas puede decirse igualmente de todos los pueblos poseedores de una tradición verdaderamente ortodoxa; y, en efecto, el pueblo de Israel no es el único que haya asimilado su país al "Corazón del Mundo" y lo haya considerado como una imagen del Cielo, ideas ambas que, por lo demás, no son en realidad sino una. El uso de idéntico simbolismo se encuentra entre otros pueblos que poseían igualmente una "Tierra Santa", es decir, una región donde estaba establecido un centro espiritual dotado para ellos de un papel comparable al del Templo de Jerusalén para los hebreos. A este respecto ocurre con la "Tierra Santa" como con el *"Omphalos"*, que era siempre la imagen visible del "Centro del Mundo" para el pueblo que habitaba la región donde estaba situado[49].

El simbolismo de que se trata se encuentra particularmente entre los antiguos egipcios; en efecto, según Plutarco, "los egipcios dan a su país el nombre de *Khemia*[50], y lo comparan a un

---

[49] Ver nuestro artículo sobre "Les pierres de foudre".

[50] *Kémi*, en lengua egipcia, significa 'tierra negra', designación cuyo equivalente se encuentra también en otros pueblos; de esta palabra

Apreciaciones sobre el esoterismo cristiano

corazón[51]". La razón que da este autor es bastante extraña: "Ese país es en efecto cálido, húmedo, está contenido en las partes meridionales de la tierra habitada, extendido a mediodía, como en el cuerpo del hombre el corazón se extiende a la izquierda", pues "los egipcios consideran el Oriente como el rostro del mundo, el Norte como la derecha y el Mediodía como la izquierda[52]. Éstas no son más que similitudes harto superficiales, y la verdadera razón ha de ser muy otra, puesto que la misma comparación con el corazón se aplica generalmente a toda tierra a la cual se atribuya carácter sagrado y "central" en sentido espiritual, cualquiera fuere su situación geográfica. Por lo demás, según el mismo Plutarco, el corazón, que representaba a Egipto, representaba a la vez el Cielo "Los egipcios -dice-

---

proviene la de *alquimia* (donde *al-* no es sino el artículo árabe), que designaba originariamente la ciencia hermética, es decir, la ciencia sacerdotal de Egipto.

[51] *Isis et Osiris*, 33; trad. francesa de Mario Meunier, pág. 116.

[52] *Ibid.*, 32, pág. 112. En la India, al contrario, el "lado de la derecha" (*dakshina*) es el mediodía, pero, a pesar de las apariencias, viene a ser lo mismo en ambos casos, pues debe entenderse por ello el lado que uno tiene a la derecha cuando mira hacia oriente, y es fácil representarse el lado izquierdo del mundo como extendido hacia la derecha del que lo contempla, e inversamente, como ocurre para dos personas situadas frente a frente.

figuran el Cielo, que no puede envejecer porque es eterno, por un corazón colocado sobre un brasero cuya llama alimenta su ardor[53]." Así, mientras que el corazón se figura por un vaso que no es sino el que las leyendas del Medioevo occidental designarían como el "Santo Graal", es a su vez y simultáneamente el jeroglífico de Egipto y del Cielo.

La conclusión que, debe sacarse de estas consideraciones es que hay tantas "Tierras Santas" particulares como formas tradicionales regulares existen, puesto que representan los centros espirituales que corresponden respectivamente a las diferentes formas; pero, si igual simbolismo se aplica uniformemente a todas esas "Tierras Santas", ello se debe a que los centros espirituales tienen todos una constitución análoga, y a menudo hasta en muy precisos pormenores, porque son otras tantas imágenes de un mismo centro único y supremo, sólo el cual es verdaderamente el "Centro del Mundo", pero del cual aquéllos toman los atributos como participantes de su naturaleza por

---

[53] *Isis et Osiris*, 10, pág. 49. Se advertirá que este símbolo, con la significación que aquí se le da, parece poder vincularse con el del Fénix.

una comunicación directa, en la cual reside la ortodoxia tradicional, y como representantes efectivos de él, de una manera más o menos exterior, para tiempos y lugares determinados. En otros términos, existe una "Tierra Santa" por excelencia, prototipo de todas las otras, centro espiritual al cual todas las demás están subordinadas, sede de la tradición primordial, de la cual todas las tradiciones particulares derivan por adaptación a tales o cuales condiciones definidas de un pueblo o de una época. Esa "Tierra Santa" por excelencia es la "región suprema, según el sentido del término sánscrito *Paradêsha*, del cual los Caldeos hicieron *Pardés* y los occidentales *Paraiso*; es, en efecto, el "Paraíso terrestre", ciertamente punto de partida de toda tradición, que tiene en su centro la fuente única de donde parten los cuatro ríos que fluyen hacia los cuatro puntos cardinales[54], y es a la vez "morada de inmortalidad", como es fácil advertirlo refiriéndose a los primeros

---

[54] Esta fuente es idéntica a la "fuente de enseñanza" a la cual hemos tenido precedentemente oportunidad de hacer aquí mismo diferentes alusiones.

capítulos del *Génesis*[55].

No podemos volver aquí sobre todas las cuestiones concernientes al Centro supremo, que hemos tratado más o menos completamente en otros lugares; su conservación, de un modo más o menos oculto según los períodos, desde el comienzo hasta el fin del ciclo, o sea desde el "Paraíso terrestre" hasta la "Jerusalén celeste", que representan las dos fases extremas; los múltiples nombres con los cuales se lo designa, como los de *Tula, Luz, Salem, Agarttha*; los diferentes símbolos que lo figuran, como la montaña, la caverna, la isla y muchos otros, en relación inmediata, por su mayor parte, con el simbolismo del "Polo" o del "Eje del Mundo". A estas figuraciones podríamos agregar también las que lo presentan como una ciudad, una ciudadela, un templo o un palacio,

---

[55] Por eso la "fuente de enseñanza" es al mismo tiempo la "fuente de juvencia" (*Fons iuventutis*), porque quien bebe de ella se libera de la con-dición temporal; está, por otra parte, situada al pie del "Árbol de Vida" (ver nuestro estudio sobre "Le Langage secret de Dante et des *Fidéles -d'Amour* " en "Voile d´Isis", febrero de 1929) y sus aguas se identifican evidentemente con el "elixir de longevidad" de los hermetistas (la idea de "longevidad" tiene aquí la misma significación que en las tradiciones orientales) o al "elixir de inmortalidad", de que se trata en todas partes bajo nombres diversos.

según el aspecto especial en que se lo encara; y ésta es la ocasión de recordar, al mismo tiempo que el Templo de Salomón, más directamente vinculado con nuestro tema, el triple recinto de que hemos hablado recientemente considerándolo como representación de la jerarquía iniciática de ciertos centros tradicionales[56], y también el misterioso laberinto, que, en forma más compleja, se vincula con una concepción similar, con la diferencia de que pone en evidencia sobre todo la idea de un "encaminarse" hacia el centro escondido[57].

Debemos añadir ahora que el simbolismo de la "Tierra Santa" tiene un doble sentido: ya se refiera

---

[56] Ver nuestro artículo sobre "La triple enceinte druidique"; hemos señalado allí, precisamente, la relación de esta figura, en sus dos formas: circular y cuadrada, con el simbolismo del "Paraíso terrestre" y de la "Jerusalén celestial".

[57] El laberinto cretense es el palacio de *Minos*, nombre idéntico al de *Manu*: y designación, por lo tanto, del legislador primordial. Por otra parte, puede comprenderse, por lo que aquí decimos, la razón de que el recorrido del laberinto trazado en el embaldosado de ciertas iglesias, en el Medioevo, fuera considerado como un sustituto de la peregrinación a Tierra Santa para quienes no podían realizarla; ha de recordarse que la peregrinación es una de las figuras de la iniciación, de suerte que la "peregrinación a Tierra Santa" es, en sentido esotérico, lo mismo que la "búsqueda de la Palabra perdida" o la "búsqueda del Santo Graal"

al Centro supremo o a un centro subordinado, representa no sólo a este centro mismo sino también, por una asociación por lo demás muy natural, a la tradición que de él emana o que en él se conserva, es decir, en el primer caso, a la tradición primordial, y en el segundo, a determinada forma de tradición particular[58]. Este doble sentido se encuentra análogamente, y de modo muy claro, en el simbolismo del "Santo Grial", que es a la vez un vaso (*grasale*) y un libro (*gradale o graduale*); este último aspecto designa manifiestamente la tradición, mientras que el primero concierne más directamente al estado correspondiente a la posesión efectiva de esa tradición, vale decir al "estado edénico", si se trata de la tradición primordial; y quien ha llegado a tal estado está, por eso mismo, reintegrado al *Pardes*, de suerte que puede decirse que su morada se encuentra en adelante en el "Centro del Mundo"[59].

---

[58] Analógicamente, desde el punto de vista cosmogónico el "Centro del Mundo" es el punto original de donde se profiere el Verbo creador, que es también el Verbo mismo.

[59] Importa recordar, a este propósito, que en todas las tradiciones los lugares simbolizan esencialmente estados. Por otra parte, haremos notar que hay un parentesco evidente entre el simbolismo del vaso o la copa y el de la fuente, de que hemos tratado más arriba;

No sin motivo hemos relacionado aquí ambos simbolismos, pues su estrecha similitud muestra que, cuando se habla de la "Caballería del Santo Grial" o de los "Guardianes de la Tierra Santa", debe entenderse por ambas expresiones exactamente la misma cosa; nos falta explicar, en la medida de lo posible, en qué consiste propiamente la función de esos "guardianes", función que fue en particular la de los Templarios[60].

Para comprender bien de qué se trata, es menester distinguir entre los mantenedores de la tradición, cuya función es la de conservarla y transmitirla, y los que reciben solamente de ella, en mayor o menor grado, una comunicación y, podríamos decir, una participación. Los primeros, depositarios y dispensadores de la doctrina, están

---

se ha visto también que, entre los egipcios, el vaso era el jeroglífico del corazón, centro vital del ser. Recordemos, por último, lo que ya hemos señalado en otras ocasiones con referencia al vino como sustituto del *soma* védico y como símbolo de la doctrina oculta; en todo ello, con una u otra forma, se trata siempre del "elixir de inmortalidad" y de la restauración del "estado primordial".

[60] Saint-Yves d'Alveydre emplea, para designar a los "guardianes" del Centro supremo, la expresión "Templarios del *Agarttha*"; las consideraciones que aquí formulamos harán ver la exactitud de este término, cuya signifi-cación él mismo quizá no había captado plenamente.

junto a la fuente misma, que es propiamente el centro; de allí, la doctrina se comunica y reparte jerárquicamente a los diversos grados iniciáticos, según las corrientes representadas por los ríos del *Pardés*, o, si se quiere retomar la figuración que hemos estudiado hace un momento, por los canales que, yendo del interior al exterior, vinculan entre sí los recintos sucesivos correspondientes a esos diversos grados. Así pues, no todos los que participan de la tradición han llegado al mismo grado ni realizan las mismas funciones; inclusive sería preciso establecer una distinción entre ambas cosas, las cuales, aunque generalmente en cierta manera se corresponden, no son empero estrictamente solidarias, pues puede ocurrir que un hombre esté intelectualmente cualificado para recibir los grados más altos pero no sea apto por eso para cumplir todas las funciones en la organización iniciática. Aquí, solamente debemos considerar las funciones; y, desde este punto de vista, diremos que los "guardianes" están en el límite del centro espiritual, tomado en su sentido más lato, o en el último recinto, aquel por el cual el centro está a la vez separado del "mundo exterior" y en relación con él. Por consiguiente, estos "guardianes" tienen una doble función: por una parte, son propiamente los defensores de la "Tierra Santa" en el sentido de que vedan el acceso a quienes no poseen las cualificaciones requeridas para penetrar en ella, y constituyen lo que hemos llamado su "cobertura externa", es decir, la ocultan a las miradas profanas; por otra parte, aseguran también así ciertas relaciones regulares con el exterior, según lo explicaremos seguidamente.

Es evidente que el papel de defensor es, para hablar el lenguaje de la tradición hindú, una función de *kshatriya*; y, precisamente, toda iniciación caballeresca está esencialmente adaptada a la naturaleza propia de los hombres que pertenecen a la casta guerrera, o sea la de los *kshatriya*. De ahí provienen los caracteres especiales de esta iniciación, el simbolismo particular de que hace uso, y especialmente la intervención de un elemento afectivo, designado muy explícitamente por el término "Amor"; nos hemos explicado suficientemente sobre este asunto para que sea innecesario detenernos más en él[61]. Pero, en el caso de los Templarios, hay algo más a tomar en cuenta: aunque su iniciación haya sido

---

[61] Ver "Le Langage secret de Dante et des 'Fidéles d'Amour'", en "Voile d´Isis", febrero de 1929.

esencialmente "caballeresca", como convenía a su naturaleza y función, tenían un doble carácter, a la vez militar y religioso; y así debía ser si pertenecían, como tenemos buenas razones para creerlo, a los "guardianes" del Centro supremo, donde la autoridad espiritual y el poder temporal se reúnen en su principio común, y que comunica la marca de esta unión a todo cuanto le está directamente vinculado.

En el mundo occidental, donde lo espiritual toma la forma específicamente religiosa, los verdaderos "Guardianes de la Tierra Santa", en tanto que tuvieron una existencia en cierto modo "oficial", debían ser caballeros, pero caballeros que fuesen monjes a la vez; y, en efecto, eso precisamente fueron los Templarios.

Esto nos lleva directamente a hablar del segundo papel de los "Guardianes" del Centro supremo, papel que consiste, decíamos, en asegurar ciertas relaciones exteriores y sobre todo, agregaremos, en mantener el vínculo entre la tradición primordial y las tradiciones secundarias derivadas. Para que pueda ser así, es necesario haya en cada forma tradicional una o varias organizaciones constituidas en esa misma forma, según todas las apariencias, pero compuestas por hombres conscientes de lo que está más allá de todas las formas, vale decir, de la doctrina única que es la fuente y esencia de todas las otras; y que no es sino la tradición primordial.

En el mundo de tradición judeocristiana, tal organización debía, naturalmente, tomar por símbolo el Templo de Salomón; éste, por lo demás, habiendo dejado de existir materialmente desde hacía mucho, no podría tener entonces sino una significación puramente ideal, como imagen del Centro supremo, tal cual lo es todo centro espiritual subordinado; y la etimología misma del nombre Jerusalén indica con harta claridad que ella no es sino una imagen visible de la misteriosa *Salem* de Melquisedec. Si tal fue el carácter de los Templarios, para desempeñar el papel que les estaba asignado, y que concernía a una determinada tradición, la de Occidente, debían permanecer vinculados exteriormente con la forma de esta tradición; pero, a la vez, la conciencia interior de la verdadera unidad doctrinal debía hacerlos capaces de comunicar con los representantes de las otras tradiciones[62]: esto explica sus relaciones con ciertas organizaciones orientales, y sobre todo, como es natural, con aquellas que en otras partes desempeñaban un papel similar al de ellos.

Por otra parte, puede comprenderse en tales condiciones, que la destrucción de la Orden del Temple haya traído aparejada para Occidente la ruptura de las relaciones regulares con el "Centro del Mundo"; y, en efecto, al siglo XIV debe hacerse remontar la desviación que debía resultar inevitablemente de tal ruptura, y que ha ido acentuándose gradualmente hasta nuestra época. Esto no significa, empero, que todo vínculo haya sido cortado de una vez por todas; durante bastante tiempo pudieron haberse mantenido relaciones en cierta medida, pero sólo de una manera oculta, por intermedio de organizaciones como la *Fede Santa* o los "Fieles de Amor", como la *"Massenie* del Santo Graal", y sin duda muchas otras, todas herederas del espíritu de la Orden del Temple, y en su

---

[62] Esto se relaciona con lo que se ha llamado simbólicamente el "don de lenguas"; sobre este tema, remitiremos a nuestro artículo contenido en el número especial de "Voile d'Isis" dedicado a los Rosa- Cruz [retomado en *Aperçus sur t'Initiation,* cap. XXXVII].

mayoría vinculadas con ella por una filiación más o menos directa. Aquellos que conservaron vivo este espíritu y que inspiraron tales organizaciones sin constituirse nunca ellos mismos en ninguna agrupación definida, fueron aquellos a quienes se llamó, con un nombre esencialmente simbólico, los Rosa-Cruz; pero llegó un día en que los Rosa-Cruz mismos debieron abandonar Occidente, donde las condiciones se habían hecho tales que su acción no podía ejercerse ya, y, se dice, se retiraron entonces a Asia, reabsorbidos en cierto modo hacia el Centro supremo, del cual eran como una emanación. Para el mundo occidental, ya no hay "Tierra Santa" que guardar, puesto que el camino que a ella conduce se ha perdido ya enteramente; ¿cuánto tiempo todavía durará esta situación, y cabe siquiera esperar que la comunicación pueda ser restablecida tarde o temprano? Es ésta una pregunta a la cual no nos corresponde dar respuesta; aparte de que no queremos arriesgar ninguna predicción, la solución no depende sino de Occidente mismo, pues sólo retornando a condiciones normales y recobrando el espíritu de su tradición, si le queda aún la posibilidad, podrá ver abrirse de nuevo la vía que conduce al "Centro del Mundo".

Capítulo IV

EL LENGUAJE SECRETO DE DANTE Y DE LOS «FIELES DE AMOR» I

Texto publicado en "Le Voile d'Isis", febrero de 1929.

Bajo el título: *Il linguaggio segreto di Dante e dei "Fedeli d'Amore"*[63], el Sr. Luigi Valli a quien se deben ya numerosos estudios sobre el significado de la obra de Dante, ha publica-do una nueva obra que es demasiado importante para que nos contentemos señalándola con una simple nota bibliográfica. La tesis que se sostiene puede resumirse brevemente en esto: las diversas «damas» celebradas por los poetas se relacionan con la misteriosa organización de los «Fieles de Amor»: desde Dante, Guido Cavalcanti y sus contemporáneos hasta Boccacio y Petrarca, no son mujeres que hayan vivido

---

[63] Roma, Biblioteca di Filosofia e Scienza, Casa editrice "Optima", 1928.

realmente sobre esta tierra sino que, bajo diferentes nombres son una y la misma «Dama» simbólica que representa la Inteligencia trascendente (*Madonna Intelligenza*, de Dino Compagni) o la Sabiduría divina. En apoyo de esta tesis, el autor aporta una documentación formidable y un conjunto de argumentos capaces de impresionar a los más escépticos; muestra claramente que las poesías más ininteligibles en sentido literal devienen perfectamente claras con la hipótesis de una «jerga» o lenguaje convencional del que ha llegado a traducir los principales términos; y evoca otros casos, particularmente el de los Sufíes persas, donde un sentido similar ha sido igualmente disimulado bajo la apariencia de una simple poesía de amor. Es imposible resumir toda esta argumentación basada sobre textos precisos que le dan todo su valor; no podemos sino remitir a aquellos a los que les interesa el tema, al propio libro.

A decir verdad, el tema que tratamos nos había parecido siempre, en lo que a nosotros respecta, un hecho evidente e incontestable; pero hay que creer, sin embargo, que esta tesis tiene necesidad de ser sólidamente establecida. En efecto, L. Valli previó que sus conclusiones serían combatidas por muchas categorías de adversarios: primero, la sedicente crítica «positiva» (que seria un error calificar de «tradicional», puesto que es, por contra, opuesta al espíritu tradicional, con el cual se relaciona toda interpretación iniciática); después, el espíritu de partido, ya sea católico, o anticatólico, que no encontrará ni una satisfacción; finalmente, la crítica «estética» y la «retórica romántica», que en el fondo, no son otra cosa que lo que se podría llamar el espíritu «literario». Hay allí todo un conjunto de prejuicios que estarán siempre forzosamente opuestos a las investigaciones del sentido profundo de ciertas obras; pero, en presencia de trabajos de este género, las gentes de buena fe y desligadas de todo apriorismo podrán ver de qué lado está la verdad. Nosotros no tendríamos, en lo que nos concierne, objeciones que hacer más que sobre ciertas interpretaciones que no afectan en nada a la tesis general; el autor, por lo demás, no ha tenido la pretensión de aportar una solución definitiva a todas las cuestiones que se suscitan, y es el primero en reconocer que su trabajo tendrá necesidad de corregirse o completarse sobre bastantes puntos de detalle.

El principal fallo del Sr. Valli, del que proceden casi todas las insuficiencias que resaltaremos en su obra es, digámoslo enseguida claramente, no tener la mentalidad «iniciática» que conviene para tratar a fondo el tema. Su punto de vista es demasiado exclusivamente el de un historiador: no es suficiente «contar la historia» (p. 421) para resolver ciertos problemas; y por otra parte, nos podemos preguntar si ello no es, en cierto modo, interpretar las ideas medievales con la mentalidad moderna, como el autor les reprocha muy justamente a los críticos oficiales; los hombres de la Edad Media ¿han hecho alguna vez «historia por la historia»? Hace falta, para estas cosas, una comprensión de orden más profundo; si no se aporta más que un espíritu y unas intenciones «profanas» no se podrán acumular sino materiales que siempre tendrán la necesidad de ser estudiados con un espíritu totalmente diferente; y no vemos muy bien qué interés tendría una investigación histórica si no debiese surgir de ella alguna verdad doctrinal.

Es verdaderamente lamentable que el autor esté falto de datos tradicionales, de un conocimiento directo y por así decir «técnico» de las cosas que trata. Eso es lo que le ha impedido reconocer claramente el alcance propiamente iniciático -de nuestro estudio sobre *El esoterismo de Dante* (p. 19); también por ello no ha comprendido que poco importaba, desde el punto de vista en que nos situábamos, que tales «descubrimientos» fuesen debidos a Rosetti, a Aroux o a cualquier otro, que no los citábamos más que como «punto de apoyo» para consideraciones de un orden bien diferente; se trataba para nosotros de doctrina iniciática, no de historia literaria. A propósito de Rosetti, encontramos bastante extraña la aserción según la cual él habría sido «Rosa-Cruz» (p. 16); los verdaderos Rosa-Cruz, que además no fueron para nada de «descendencia gnóstica» (p. 422), habían desaparecido del mundo occidental antes de la época en la que aquél vivió; incluso si estuvo vinculado a alguna organización pseudo rosacruciana, de las que hay tantas, ésta, ciertamente, no tenía en todo caso ninguna tradición auténtica que comunicarle; por lo demás, su primera idea de no ver más que un sentido político va, tan claramente como es posible, en contra de semejante hipótesis. El Sr Valli no tiene del Rosacrucismo más que una idea superficial y del todo «simplista», y no parece sospechar el simbolismo de la cruz (p. 393), como tampoco parece haber comprendido bien el significado tradicional del corazón (pp. *153-154*), referido al intelecto y no al sentimiento. Digamos, sobre este último punto, que el *cuore gentile* de los «Fieles de Amor» es el corazón purificado, es decir, vacío de todo lo que concierne a los objetos exteriores y, por ello mismo, apto para recibir la iluminación interior; lo que es de resaltar, es que se encuentra una doctrina idéntica en el Taoísmo.

Señalemos aún otros puntos que hemos subrayado en nuestra lectura; hay, por ejemplo, algunas referencias bastante fastidiosas y que desacreditan una obra seria. Así, se hubieran podido encontrar fácilmente mejores autoridades a citar que Mead para el gnosticismo (p. 87), Marc Saunier para el simbolismo de los números y sobre todo... ¡Léo Taxil para la Masonería! (p. 272). Este último es además mencionado para una cuestión del todo elemental, las edades simbólicas de los diferentes grados, que se puede encontrar en cualquier parte. En el mismo sitio, el autor cita también, después de Rosetti, el *Recueil précieux de la Maçonnerie Adonhiramite*: pero la referencia está indicada de manera completamente ininteligible, y que muestra bien que no conoce por él mismo el libro que menciona. Por lo demás, habría fuertes reservas que hacer so-bre todo lo que Valli dice de la Masonería, que califica estrafalariamente de «modernissima» (pp. 80 y

430); una organización puede haber «perdido el espíritu» (o lo que se llama en árabe la *barakah*), por intrusión de la política u otra cosa, y guardar sin embargo su simbolismo intacto, aun no comprendiéndolo. Pero el Sr Valli mismo no parecer captar bien el verdadero papel del simbolismo, ni tener un sentido muy claro de la filiación tradicional; al hablar de diferentes «corrientes» (pp. 80-81), mezcla lo esotérico con lo exotérico, y toma por fuentes de inspiración de los «Fieles de Amor» lo que no representa más que infiltraciones anteriores, en el mundo profano, de una tradición iniciática de la que estos «Fieles de Amor» procedían directamente. Las influencias descienden del mundo iniciático al mundo profano, pero a la inversa no, pues un río no remonta nunca hacia su fuente; esta fuente es la «fuente de la enseñanza» de la que se trata a menudo en los poemas estudiados aquí, y que es generalmente descrita como situada al pie de un árbol, el cual, evidentemente, no es otro que el «Árbol de la Vida»[64]; el simbolismo del «Paraíso terrenal» y de la «Jerusalén celestial» debe

---

[64] Este árbol, entre los "Fieles de Amor", es generalmente un pino, un haya o un laurel; el "Arbol de la Vida" es representado frecuentemente por árboles que permanecen siempre verdes.

encontrar aquí su aplicación.

Hay también inexactitudes de lenguaje que no son menos lamentables: así, el autor califica de «humanas» (p. 411) las cosas que, al contrario, son esencialmente «suprahumanas», como lo es además todo lo que es de orden verdaderamente tradicional. Del mismo modo, comete el error de llamar «adeptos a los iniciados de cualquier grado[65], mientras que este nombre debe ser reservado rigurosamente al grado supremo; el abuso de esta palabra es particularmente digno de destacar porque constituye en cierto modo una «marca»: hay un número de errores que los «profanos» dejan raramente de cometer, y aquel es uno de ellos. Es necesario citar aún, a este respecto, el empleo continuo de palabras como «secta» y «sectario» que, para designar a una organización

---

[65] Los "Fieles de Amor" estaban divididos en siete grados (p. 64); son los siete escalones de la escala iniciática, en correspondencia con los siete cielos planetarios y con las siete artes liberales. Las expresiones "terzo cielo" (cielo de Venus), "terzo loco" (a comparar con el término masónico de "tercer departamento") y "terzo grado", indican el tercer grado de la jerarquía, en el cual era recibido el *saluto* (o la *salud*); este rito tenía lugar, según parece, en la época de Todos los Santos, lo mismo que las iniciaciones en la de Pascua, donde se sitúa la acción de *La Divina Comedia* (p. 185-186).

iniciática (y no religiosa) y lo que se refiere a ella, son del todo impropias y verdaderamente desagradables[66] y esto nos lleva directamente al más grave defecto que comprobamos en la obra de Luigi Valli.

Este defecto es la confusión constante de los puntos de vista «iniciático» y «místico», y la asimilación de las cosas de que trata a una doctrina «religiosa», mientras que el esoteris-mo, incluso si toma su base en las formas religiosas (como es el caso de los Sufíes y de los «Fieles de Amor»), pertenece en realidad a un orden completamente diferente. Una tradición verdaderamente iniciática no puede ser «heterodoxa», calificarla así (p. 393), es invertir la relación normal y jerárquica entre lo interior y lo exterior. El esoterismo no es contrario a la «ortodoxia» (p. 104) aun entendida simplemente en sentido religioso; está por encima y más allá del punto de vista religioso, lo que,

---

[66] No es lo mismo, aunque algunos puedan pensarlo, que «jerga» (*gergo*); que, como hemos indicado, ("Le Voile d'Isis", octubre de 1958, p. 652), fue un término "técnico" antes de pasar al lenguaje vulgar en el que ha tomado un sentido peyorativo. Hagamos hincapié en esta ocasión, en que la palabra «profano» también es tomada siempre por nosotros en su sentido técnico que, bien entendido, no tiene nada de injurioso.

evidentemente no es del todo la misma cosa; y, de hecho, la acusación injustificada de «herejía» no fue a menudo más que un medio cómodo para desprenderse de gente que podía ser molesta por otros motivos distintos. Rosetti y Aroux no han cometido el error de pensar que las expresiones teológicas de Dante recubrían alguna otra cosa, sino solamente el de creer que debían interpretarlas «al revés» (p. 389); el esoterismo no se superpone al exoterismo, ni se opone, puesto que no está sobre el mismo plano, y da a las mismas verdades, por transposición a un orden superior, un sentido más profundo. Sin duda, encontramos que *Amor* es la transposición de *Roma*[67], pero no es necesario concluir de ello, como se ha querido hacer a veces, que lo que designa es la antítesis de *Roma*, *si*no más bien que es aquello de lo que *Roma* no es más que un reflejo o una imagen visible, necesariamente invertida como lo es la imagen de un objeto en un espejo (y he aquí la ocasión de recordar el «*per speculum in aenigmate*» de San Pablo). Añadamos, en lo que concierne a Rosetti y Aroux y a algunas reservas que conviene hacer sobre ciertas de sus

---

[67] A título de curiosidad, si se escribe esta simple frase: "*In Italia è Roma*", y si se la lee al revés, se convierte en: «*Amore ai Latini*»; ¡el «azar» tiene a veces un ingenio sorprendente!

interpretaciones, que no se puede decir, sin arriesgarse a caer en los prejuicios de la crítica «positiva», que un método es «inaceptable por incontrolable» (p. 389); sería necesario rechazar entonces todo lo que es obtenido por conocimiento directo, y particularmente por comunicación regular de una enseñanza tradicional, que es en efecto incontrolable,,, ¡para los profanos![68]

La confusión del Sr. Valli entre esoterismo y «heterodoxia» es tanto más sorprendente cuanto que ha comprendido, al menos mucho mejor que sus predecesores, que la doctrina de los «Fieles de Amor» no era de ningún modo «anticatólica» (era incluso, como la de los Rosa-Cruz, rigurosamente "católica" –en el verdadero sentido de la palabra), y que no tenía nada en común con las corrientes profanas de las que debió salir la Reforma (págs. 79-80 y 409). Únicamente que ¿dónde ha visto que la Iglesia haya dado a conocer al vulgo el sentido profundo de los «misterios»? (p. 101) Le enseña por

---

[68] Hay que creer que es muy difícil no dejarse afectar por el espíritu de la época; así, la calificación de ciertos libros bíblicos como *"pseudo-salomonici"* y *"mistico-platonici"* (p. 80) nos parece una lamentable concesión a la exégesis moderna, es decir, a esta misma «crítica positiva» contra la que el autor se rebela con tanta razón.

el contrario tan poco que se ha podido dudar que ella misma haya guardado consciencia de ellos; y es precisamente en esta «pérdida del espíritu» en lo que consistiría la «corrupción» denunciada ya por Dante y sus asociados[69]. La más elemental prudencia les recomendaba, cuando hablaban de esta «corrupción», no hacerlo en lenguaje claro; pero no es necesario concluir de ello que el uso de una terminología simbólica no tenga otra razón de ser que la voluntad de disimular el verdadero sentido de una doctrina; hay cosas que, por su misma naturaleza no pueden ser expresadas de otro modo que de esta forma y esta vertiente de la cuestión, que es con mucho la más importante, no parece haber sido considerado para nada por el autor. Aún hay un tercer aspecto, en cierto modo intermedio, donde se trata también de prudencia, pero en interés de la doctrina misma y no de los que la exponen, y ese aspecto es al que se refiere más particularmente el símbolo del vino para los

---

[69] La cabeza de Medusa, que convierte a los hombres en «piedras» (palabra que juega un papel muy importante en el lenguaje de los "Fieles de Amor"), representa la corrupción de la Sabiduría; sus cabellos (que simbolizan los misterios divinos según los Sufíes) se convierten en serpientes, tomadas evidentemente en sentido desfavorable, pues en el otro sentido la serpiente es también un símbolo de la Sabiduría.

Sufíes (cuya enseñanza, digámoslo de pasada, no puede ser calificada de «panteísta» más que por un error muy occidental); la alusión que se hace a este símbolo (pp. 72 y 104) nos indica claramente que «vino» significa «misterio», doctrina secreta o reservada, porque en hebreo *iaïn y sôd* son numéricamente equivalentes; y para el esoterismo musulmán, el vino es la «bebida de la élite», que los hombres vulgares no pueden usar impunemente[70].

---

[70] La expresión proverbial "beber como un Templario", que el vulgo toma en su sentido más groseramente literal, no tiene sin duda otro origen real: el «vino» que bebían los Templarios era el mismo que bebían los Kabalistas judíos y los Sufíes musulmanes. Asimismo, la otra expresión "jurar como un Templario", no es sino una alusión al juramento iniciático, desviada de su significado original por la incomprensión y la malevolencia profanas. Para comprender mejor lo que dice el autor en el texto, observaremos que el vino en su sentido ordinario es una bebida que no está permitida en el Islam, luego cuando se habla de ella en el esoterismo islámico, debe entenderse como designando algo más sutil y, efectivamente, según las enseñanzas de Mohyiddín ibn Arabi, el "vino" designa la "ciencia de los estados espirituales" (*ilmu-al-ahwâl*), mientras que el «agua» representa la »ciencia absoluta» (*al-ilmu-l--mutlac*), la leche la «ciencia de las leyes reveladas» (*ilmu-ch-chrây' î*) y la y la "miel", la "ciencia de las normas sapienciales" (*ilmu-n-nâwâmis*). Si se advierte además, estos cuatro «brebajes» son exactamente las substancias de los cuatro tipos de ríos paradisíacos según el Corán 47, 17, nos daremos cuenta de que el «vino» de los Sufíes tiene, c-omo las otras bebidas iniciáticas, distinta sustancialidad que la del conocido

Pero retornemos a la confusión de los puntos de vista «místico» e «iniciático»: es solidaria de la precedente, pues es la falsa asimilación de las doctrinas esotéricas al misticismo, el cual procede del dominio religioso, que lleva a considerarlas al mismo nivel que el exoterismo y a querer oponerlas a éste. Vemos muy bien lo que en el caso presente ha podido causar este error: y es que una tradición «caballeresca» (p. 146), para adaptarse a la naturaleza propia de los hombres a los que se dirige especialmente, comporta siempre la preponderancia de un principio representado como femenino (*Madonna*)[71], así como la intervención de un elemento afectivo (*Amor*). La relación de tal forma tradicional con la que representan los Sufíes persas es totalmente justa; pero sería necesario añadir que es-tos dos casos están lejos de ser los únicos donde se encuentra el culto de la «donna-Divinità», es decir del aspecto femenino de la Divinidad: se encuentra en la India

---

líquido que le sirve de símbolo. (Nota de M. Vâlsan).

[71] El «Intelecto agente» representado por la *Madonna*, es el «rayo celestial» que constituye el vínculo entre Dios y el hombre y que conduce al hombre hacia Dios (p. 54): es la *Buddhi* hindú. Habría además que tener en cuenta que «Sabiduría» e "Inteligencia" no son estrictamente idénticas: hay ahí dos aspectos complementarios a distinguir (*Hokmah* y *Binah* en la Kábala).

también, donde este aspecto es designado como la *Shakti*, equivalente en ciertos aspectos a la *Shejinah* hebrea y es de resaltar que el culto de la *Shakti* concierne sobre todo a los kshatriyas. Una tradición «caballeresca», precisamente, no es otra cosa que una forma tradicional para el uso de los kshatriyas y por eso no puede constituir una vía puramente intelectual como la de los brahmanes; ésta es la "vía seca" de los alquimistas mientras que la otra es la «vía húmeda»[72], simbolizando el agua lo femenino y el fuego lo masculino, y correspondiendo la primera a la emotividad y el segundo a la intelectualidad que predomina respectivamente en la naturaleza de los kshatriyas y de los brahmanes. Por ello tal tradición puede parecer mística exteriormente, cuando en realidad es iniciática, si bien se podría pensar que el misticismo, en el sentido ordinario de la palabra, es como un vestigio o una «supervivencia» restante, en una civilización tal como la de Occidente, después de que toda organización tradicional

---

[72] Estas dos vías podrían también, en otro sentido y siguiendo otra correlación, ser respectivamente la de los iniciados en general y la de los místicos. Pero esta últi-ma es «irregular» y no ha de ser considerada cuando uno se atiene estrictamente a la norma tradicional.

regular ha desaparecido.

El papel del principio femenino en ciertas formas tradicionales se señala incluso en el exoterismo católico, por la importancia dada al culto de la Virgen. El Sr. Valli parece sorprenderse de ver la *Rosa Mystica* figurar en las letanías de la Virgen (p 393); hay en estas mismas letanías muchos otros símbolos propiamente iniciáticos, y lo que no parece sospecharse es que su aplicación está perfectamente justificada por las relaciones de la Virgen con la Sabiduría y con la *Shekina*[73] Notemos también a este propósito que San Bernardo, cuya conexión con los Templarios es conocida, aparece como un «caballero de la Virgen», que él llama «su dama»; se le atribuye incluso el origen del vocablo «Nuestra Señora»: también ella es *Madonna* y, bajo uno de sus aspectos, se identifica con la Sabiduría, o sea, con la *Madonna* de los «Fieles de Amor»: he aquí una relación que el autor no ha supuesto, puesto que no parece sospechar las razones por las cuales el

---

[73] También hay que señalar que en ciertos casos los mismos símbolos representan al mismo tiempo a la Virgen y a Cristo; hay aquí un enigma propuesto a la sagacidad de los investigadores. y cuya solución resulta de las relaciones de la *Shejinah* con *Metatrón*.

mes de mayo está consagrado a la Virgen.

Hay una cosa que tendría que llevar a Valli a pensar que las doctrinas en cuestión no tenían nada de «misticismo» y lo comprueba él mismo: la importancia casi exclusiva que es otorgada al «conocimiento» (pp. 421-422), lo que difiere totalmente del punto de vista místico. Se confunde sobre las consecuencias que conviene sacar de ello: esta importancia no es un carácter especial del «gnosticismo» sino un carácter general de toda enseñanza iniciática en cualquier forma que haya tomado; el conocimiento es siempre el único fin y todo el resto no son más que medios diversos para llegar a él. Es necesario estar alerta para no confundir «gnosis», que significa «conocimiento», y «gnosticismo», aunque el segundo deba evidentemente su nombre al primero; además, esta denominación de «gnosticismo» es bastante vaga y parece de hecho, haber sido aplicada indistintamente a cosas muy diferentes[74].

---

[74] El Sr. Valli dice que la «crítica» aprecia poco las bases tradicionales de los "gnósticos" contemporáneos, (p. 421); por una vez la «crítica» tiene razón, pues esos "gnósticos" no han recibido nunca nada mediante transmisión alguna, y no se trata más -que de un intento de «reconstitución» a partir de documentos por lo demás

No hay que dejarse detener por las formas exteriores, cualesquiera que sean; los «Fieles de Amor» sabían ir más allá de las formas, y he aquí una prueba: en una de las primeras novelas del *Decamerón* de Bocaccio, Melquisedec afirma que entre el Judaísmo, el Cristianismo y el Islamismo «nadie sabe cuál es la verdadera fe». El Sr. Valli ha acertado al interpretar la afirmación en el sentido de que «la verdadera fe está escondida bajo los aspectos exteriores de las diversas creencias» pero lo que es más notable, y él no lo ha visto, es que estas palabras sean puestas en boca de Melquisedec, precisamente el representante de la tradición única oculta bajo todas sus formas exteriores; y hay ahí algo que muestra que algunos en Occidente sabían aún en esa época lo que es el verdadero «centro del mundo». Sea como fuere, el empleo de un lenguaje «afectivo», como a menudo es el de los «Fieles de Amor», también es una forma exterior por la que no debemos dejarnos ilusionar; puede recubrir muy bien algo muy distinto y profundo, y en particular, la palabra «Amor» puede, en virtud de la transposición analógica, significar una cosa totalmente distinta del sentimiento que designa de

---

fragmentarios, que están al alcance de todo el mundo; se puede creer el testimonio de alguien que ha tenido la ocasión de observar estas cosas bastante de cerca para saber lo que son realmente.

ordinario. Este sentido profundo del «Amor» en conexión con las doctrinas de las Ordenes de caballería, podría obtenerse claramente de las relaciones entre las indicaciones siguientes: primero, la palabra de San Juan, «Dios es Amor»; después, el grito de guerra de los Templarios, «Viva Dios Santo Amor»; finalmente, el último verso de la *Divina Comedia*, «*L'Amore che muove il Sole e l'altre stelle*»[75].

Otro punto interesante a este respecto es la relación establecida entre el «Amor» y la «Muerte» en el simbolismo de los «Fieles de Amor»; esta relación es doble, porque la palabra «Muerte» tiene un doble sentido. Por una parte, hay una cercanía y aun una asociación del «Amor» y de la «Muerte» (p. *159*), debiendo ésta ser entendida entonces como la «muerte iniciática», y esta cercanía parece continuarse en la corriente de donde han salido, al final de la Edad Media, las representaciones de la

---

[75] propósito de las Ordenes de Caballería digamos que la "Iglesia Joanita" designa la reunión de todos los que, a un título cualquiera, se relacionan con lo que se ha llamado en la Edad Media el «Reino del Preste Juan», al cual hemos hecho alusión en nuestro estudio sobre *El Rey del Mundo*.

«danza macabra»[76]; por otra parte, hay también una antítesis establecida desde otro punto de vista entre el «Amor» y la «Muerte» (p. 166), antítesis que puede explicarse por la constitución misma de ambos términos: la raíz *mor* les es común y, en *amor*, está precedida de *a* privativa, como en el sánscrito *amara, amrita*, de manera que «Amor» puede interpretarse como una especie de equivalente jeroglífico de «inmortalidad». Los «muertos» pueden en este sentido, de una forma más general, ser vistos como designando a los profanos, mientras que los «vivientes», o aquellos que han alcanzado la «inmortalidad» son los iniciados; es ahora el momento de recordar aquí la expresión de «Tierra de los Vivientes» sinónimo de «Tierra Santa» o «Tierra de los Santos», «Tierra Pura», etc.; y la oposición que acabamos de indicar equivale bajo este punto de vista a la del Infierno, que es el mundo profano, y de los Cielos, que son los grados de la jerarquía iniciática.

En cuanto a la «verdadera fe» de la que se ha hablado en todo momento, es la llamada *Fede*

---

[76] Hemos visto, en un antiguo cementerio del siglo XV, unos capiteles en las esculturas de los cuales están curiosamente reunidos los atributos del Amor y de la Muerte.

Santa, expresión que, como -la palabra *Amore*, se aplica al mismo tiempo a la organización iniciática misma. Esta *Fede Santa*, de la que Dante era *Kadosch*, es la fe de los *Fedeli d'Amore*; y también es la *Fede dei Santi*, es decir la *Emounah* de los *Kadosch*, como ya lo hemos explicado en *El Esoterismo de Dante*.

Esta designación de los iniciados como los «Santos», cuyo equivalente hebreo, es *Kadosch*, se comprende perfectamente por el significado de "Cielos" tal como lo acabamos de indicar, puesto que los Cielos son, en efecto, descritos como la morada de los Santos; ella debe ser relacionada con muchas otras denominaciones análogas, como -la de Puros, Perfectos, Cátaros, Sufíes, *Ikhwan-es-Safa*, etc., ya que todas han sido tomadas en el mismo sentido permite comprender lo que es verdaderamente la "Tierra Santa"[77].

Esto nos lleva a señalar otro punto al cual el Sr. Valli no hace más que una breve alusión (pp. 323-324): es el significado secreto de las

---

[77] Quizá no carece de interés el señalar además que las iniciales F. S. pueden también leerse *Fides Sapientia*, traducción exacta de la *Pistis Sophia* gnóstica.

peregrinaciones de los iniciados, cuyos itinerarios, además, coincidían, en efecto, muy frecuentemente, con los de los peregrinos ordinarios, con los que se confundían así en apariencia, lo que les permitía disimular mejor las verdaderas razones de estos viajes. Por lo demás, la situación de los lugares de peregrinaje, como la de los santuarios de la antigüedad, tiene un valor esotérico que hay que tener en cuenta a este respecto[78]; ello está en relación indirecta con lo que hemos llamado la «geografía sagrada», y debe por otra parte ser conectado con lo que escribimos a propósito de los *Compagnons* y de los Gitanos[79]; quizá volveremos a ello en otra ocasión.

La cuestión de la «Tierra Santa» podría también dar la clave de las relaciones de Dante y de los «Fieles de Amor» con los Templarios; éste es un tema que está tratado muy incompletamente en el libro de Valli.

Éste considera las relaciones con los Templarios

---

[78] El Sr. Grillot de Givry ha escrito sobre este tema un estudio titulado: *Les Foyers du misticisme populaire*, en el "Voile d´Isis" de abril de 1920.

[79] Cf. *Le Voile d´Isis*, octubre 1926.

(pp. 423-426), así como con los alquimistas (p. 248) como de una incontestable realidad, e indica algunas cosas interesantes, como por ejemplo la de los nueve años de prueba de los Templarios con la edad simbólica de nueve años en la *Vita Nuova* (p. 274); pero habría muchas otras cosas que decir. Así, a propósito de la residencia central de los Templarios fijada en Chipre (pp. 261 y 425), sería curioso estudiar el significado del nombre de esta isla, sus relaciones con Venus y el «tercer cielo», el simbolismo del cobre del que procede su nombre, cosas todas ellas que nosotros no podemos por el momento, más que señalar sin detenernos.

Por lo mismo, a propósito de la obligación impuesta a los «Fieles de Amor» de emplear en sus escritos la forma poética (p. 155), habría lugar para preguntarse por qué motivo la poesía fue llamada por los antiguos la «lengua de los dioses», por cual motivo *Vates* en latín fue a la vez el poeta y el adivino o el profeta (los oráculos fueron además hechos en verso); por qué razón los versos fueron llamados *carmina* (encantos, encantamientos, palabra idéntica al sánscrito *karma*, entendido en el sentido técnico de «acto ritual»)[80] y también por qué motivo se dice de Salomón y de otros sabios, particularmente en la tradición musulmana, que comprendían la «lengua de los pájaros», lo que, por extraño que pueda parecer, no es más que otro nombre de la «lengua de los Dioses»[81].

Antes de terminar estas puntualizaciones, nos es necesario decir algunas palabras sobre la interpretación de la *Divina Comedia* que el Sr. Valli ha desarrollado en otras obras y que simplemente es ésta: las simetrías de la Cruz y del Aguila (pp. 382-384), sobre las cuales está basada complemente, dan cuenta de una parte del sentido del poema (conforme, además, a la conclusión del *De Monarchia*)[82]; pero hay en éste muchas otras cosas cuya explicación completa no puede hallarse aquí, como lo sería el empleo de los números simbólicos; el autor, equivocadamente, parece ver ahí una clave única, suficiente para resolver todas

---

[80] *Rita* en sánscrito, es lo que está conforma al orden, sentido que el adverbio *rite* ha guardado en latín; el orden cósmico está aquí representado por la ley del ritmo.

[81] Lo mismo se encuentra también en las leyendas germánicas.

[82] Cf. Autorité Spirituelle et pouvoir temporel, cap. VIII.

las dificultades. Por otra parte, el uso de estas «conexiones estructurales» (p. 388) le parece ser algo personal de Dante cuando, por el contrario, hay en esta «arquitectura» simbólica algo esencialmente tradicional que, a pesar de no haber formado parte de los modos de expresión habituales de los «Fieles de Amor» propiamente dichos, no por ello no existían en organizaciones más o menos estrechamente emparentadas con la suya y se religaba con el arte mismo de los constructores[83]; parece, sin embargo, intuir estas relaciones en la indicación de la ayuda que podría proporcionar a las investigaciones de las que se trata el «estudio del simbolismo en las artes figurativas» (pág. 406). Haría falta, además, tanto aquí como en todo el resto, dejar de lado toda preocupación «estética» (pág. 389); se podrían descubrir entonces muchos otros puntos de comparación, a veces harto inesperados[84].

---

[83] Recordaremos la expresión masónica de «fragmento de arquitectura»; ella se aplica en el sentido más verdadero, a la obra de Dante.

[84] Pensamos especialmente en ciertas consideraciones contenidas en el muy curioso libro del Sr. Pierre Piobb sobre *Le Secret de Nostradamus*, París, 1927.

Si nos hemos extendido tanto a propósito del libro del Sr. Valli, es porque se trata de aquellos que, verdaderamente, merecen retener la atención, y, si hemos señalado sobre todo las lagunas, es porque así podíamos indicarle a él o a otros, nuevas vías de investigación susceptibles de completar felizmente los resultados alcanzados. Parece que ha llegado el momento en que se descubrirá finalmente el verdadero sentido de la obra de Dante; si las interpretaciones de Rossetti y de Aroux no fueron tomadas en serio en su época, no era sin duda porque los espíritus estuvieran menos preparados que hoy en día, sino porque estaba previsto que el secreto tenía que ser guardado durante seis siglos (el *Naros* caldeo); el Sr. Valli habla a menudo esos seis siglos durante los cuales Dante no ha sido compredido, pero evidentemente sin ver en ello ningún significado particular, y ello prueba todavía más la necesidad, en estudios de esta índole, de un conocimiento de las «leyes cíclicas» completamente olvidadas por el Occidente moderno.

Capítulo V

EL LENGUAJE SECRETO DE DANTE Y DE LOS «FIELES DE AMOR» II

Hemos dedicado un artículo precedente a la importante obra publicada en 1928 bajo ese título por el Sr Luigi Valli; en 1931 nos sorprendió la súbita y prematura muerte del autor, del que esperábamos otros estudios no menos dignos de interés, pues nos dejó un segundo volumen con el mismo título que el primero, conteniendo, con las respuestas a las objeciones que habían sido hechas a la tesis sostenida en aquél, cierto número de notas complementarias[85].

Las objeciones, que testimonian una incomprensión de la que no nos sorprendemos,

---

[85] *Il linguagio segreto di Dante e dei "Fedeli d´Amore"*, vol. II (Discusione e note aggiunte), Roma, Biblioteca di Filosofia e Scienza, Casa editrice "Optima".

pueden, como era fácil de prever, clasificarse ante todo en dos categorías: unas emanan de «críticas literarias» imbuidas de todos los prejuicios escolares y universitarios, otras de medios católicos en los que no se quiere admitir que Dante haya pertenecido a una organización iniciática; todos coinciden, en suma, aunque por razones diferentes, en negar la existencia del esoterismo allí donde aparece con la más clamorosa evidencia. El autor parece otorgar una gran importancia a los primeros, que él discute mucho más extensamente que los segundos; nosotros habríamos estado tentados, por nuestra parte, de hacer exactamente lo contrario, viendo en estos últimos un síntoma todavía más grave de la deformación de la mentalidad moderna; pero esta diferencia de perspectiva se explica por el punto de vista especial en el cual el Sr.Valli ha querido colocarse, y que es únicamente el de un «investigador» y un historiador. Desde este punto de vista tan exterior resultan cierto número de lagunas e inexactitudes de lenguaje que ya hemos señalado en el capítulo anterior; el Sr. Valli reconoce, precisamente a propósito de ello, que «no ha tenido contacto con tradiciones iniciáticas de ningún género», y que su «formación mental es claramente crítica»; es muy de destacar que haya llegado a conclusiones tan alejadas de las de la «crítica» ordinaria, y que son tan sorprendentes por parte de alguien que afirma su voluntad de ser un «hombre del siglo XX». No es menos lamentable que rehuse comprender la noción de ortodoxia tradicional, que persista en aplicar el término despectivo de «sectas» a las organizaciones de carácter iniciático y no religioso y que niegue haber cometido una confusión entre «místico» e «iniciático», cuando precisamente la repite durante todo el segundo volumen; pero estos fallos no deben impedirnos reconocer el gran mérito que tiene, para el «profano» que quiere serlo y permanecer siéndolo, el haber apreciado una buena parte de la verdad a pesar de todos los obstáculos que su educación debía aportarle naturalmente, y haber dicho, sin temor a las contradicciones que debían plantearse por parte de aquellos que tienen algún interés en que permanezca ignorada.

Subrayaremos solamente dos o tres ejemplos típicos de la incomprensión de los «críticos» universitarios: algunos han llegado a pretender que una poesía que es bella no puede ser simbólica; les parece que una obra de arte no puede ser admirada más que si no significa nada y que la existencia de un sentido profundo ¡destruye el valor artístico! He aquí, expresada lo más claramente posible, esta concepción «profana» que ya hemos señalado últimamente en muchas ocasiones, a propósito del arte en general y de la poesía en particular como una degeneración muy moderna y contraria al carácter que las artes tanto como las ciencias tenían en su origen y que han tenido siempre en toda civilización tradicional.

Notemos a este respecto una fórmula bastante interesante citada por Valli: todo el arte medieval, por oposición al arte moderno, «trata de la encarnación de una idea, no de la idealización de una realidad»; diríamos además de una realidad de orden sensible, pues la idea es también una realidad, y de un grado superior; esta «encarnación de la idea» en una forma, no es otra cosa que el simbolismo mismo.

Otros han emitido una objeción verdaderamente cómica: sería «vil», pretenden, escribir en "jerga", es decir en un lenguaje convencional; evidentemente no ven en ello más que una especie de cobardía y de disimulo. A decir verdad, quizá el Sr, Valli mismo ha insistido demasiado exclusivamente, como ya habíamos hecho notar, sobre la voluntad que tenían los "Fieles de Amor" en ocultarse por motivos de prudencia; no es discutible que esto haya ocurrido en efecto, y fue una necesidad que les vino impuesta por las circunstancias; pero esa no es más que la menor y la más externa de las razones que justifican el empleo que han hecho de un lenguaje que no era convencional sino también y ante todo simbólico. Se encontrarían ejemplos análogos en cualquier otra circunstancia donde no hubiese habido ningún peligro en hablar claramente si la cosa hubiese sido posible; se puede decir que, incluso entonces, existiría la necesidad de descartar a los que no estuviesen -«cualificados», lo que proviene ya de otra preocupación distinta a la simple prudencia; pero lo que es necesario decir sobre todo, es que las verdades de cierto orden, por su naturaleza misma, no pueden explicarse más que simbólicamente.

Por último, hay quien encuentra inverosímil la existencia de la poesía simbólica de los «Fieles de Amor», porque constituiría un «caso único», mientras que Valli se vio obligado a mostrar que, precisamente en la misma época, ocurría lo mismo también en Oriente, y particularmente en la poesía persa. Se podría añadir que este simbolismo del amor ha sido empleado a veces igualmente en la India; y, para ceñirnos al mundo musulmán, es bastante singular que se hable siempre, casi únicamente a este respecto, de la poesía persa, mientras que se pueden encontrar fácilmente ejemplos similares en la poesía árabe, de un carácter no menos esotérico, por ejemplo en Omar ibn El-Farid. Añadamos que muchos otros «velos» han sido empleados igualmente en las expresiones poéticas del Sufismo, comprendido el del escepticismo, del que se puede citar como ejemplos a Omar El-Kayyam y Abul-Alâ El Maarri; en cuanto a este último sobre todo, muy pocos son los que saben que fue en realidad un iniciado de alto rango; y, hecho que no habíamos visto señalado en ninguna parte hasta ahora, ocurre algo particularmente curioso para el caso que nos ocupa y es que su *Risâlatul-Ghufrân* podría ser considerado como una de las principales «fuentes» islámicas de la *Divina Comedia*.

En cuanto a la obligación impuesta a todos los miembros de una organización iniciática de escribir en verso, concordaría perfectamente con el carácter de «lengua sagrada» que te-nía la poesía; como lo dice muy justamente el Sr. Valli, se trataría de algo muy distinto a «hacer literatura», fin que no han tenido nunca Dante y sus contemporáneos, los cuales, añade él irónicamente, «tenían la desgracia de no haber leído los libros de la crítica moderna». En una época muy reciente aún, en ciertas cofradías esotéricas musulmanas, cada uno debía todos los años, en ocasión del *mûlid* del *Shaij*, componer un poema en el cual se esforzaban, aunque fuese en detrimento de la perfección de la forma, en encerrar un sentido doctrinal más o menos profundo.

Por lo que respecta a las nuevas puntualizaciones del Sr. Valli que abren la vía a otras investigaciones una de ellas concierne a las relaciones de Joaquín de Fiore con los «Fieles de Amor»: *Fiore* es uno de los símbolos más utilizados en la poesía de éstos, como sinónimo de *Rosa*; y, bajo este título de *Fiore*, ha sido escrita una adaptación italiana del *Roman de la Rose* por un florentino llamado Durante, que es casi con toda certeza el mismo Dante[86]. Por otra parte, la denominación de convento de *San Giovanni In Fiore*, de donde *Gioacchino di Fiore* toma su nombre, no aparece en ninguna parte antes que en

---

[86] Dante, en efecto, no es más que una contracción de Durante, que era su verdadero nombre.

él; ¿es él mismo el que se la dio? y ¿por qué razón escogió este nombre? Cosa notable, Joaquín De Fiore habla en sus obras de una «viuda» simbólica, como Francesco da Barberino y Boccacio, que pertenecían a los «Fieles de Amor»; y añadimos que, aún en nuestros días, esta «viuda» es bien conocida -en el simbolismo masónico. A este respecto, es fastidioso observar que las preocupaciones políticas parecen haber impedido al Sr. Valli hacer ciertas comparaciones sin embargo muy sorprendentes: hay razón, sin duda, para decir que las organizaciones iniciáticas de las que se trata no son la Masonería, pero, entre ésta y aquéllas, el nexo no es menos cierto; ¿y no es curioso, por ejemplo que el «viento» tenga en el lenguaje de los «Fieles de Amor», exactamente el mismo sentido que la "lluvia" en el de la Masonería? Otro punto importante es el que concierne a las relaciones de los «Fieles de Amor» con los alquimistas: un símbolo particularmente significativo a este respecto se encuentra en los *Documenti d'Amore* de Francesco da Barberino. Se trata de una figura en la cual doce personajes dispuestos simétricamente, y que forman seis parejas representando otros tantos grados iniciáticos, rodean a un único personaje situado en el centro; este último, que lleva en sus manos la rosa simbólica, tiene dos cabezas, una masculina y otra femenina, y es manifiestamente idéntico al *Rebis* hermético. La única diferencia notable con las figuras que se encuentran en los tratados alquímicos es que, en éstas, es el lado derecho el masculino y el lado izquierdo el femenino, mientras que aquí encontramos la disposición inversa; esta particularidad parece haber escapado a Valli, no obstante le da una explicación, sin que parezca darse cuenta, puesto que dice que «el hombre con su intelecto pasivo está unido a la Inteligencia activa, representada por la mujer», mientras que generalmente es lo masculino lo que simboliza al elemento activo y lo femenino al elemento pasivo. Lo que es más destacable es que esta especie de inversión de la relación habitual se encuentra igualmente en el simbolismo empleado por el tantrismo hindú; y la aproximación se impone todavía mucho más, cuando vemos a Cecco d' Ascoli decir: «*onde io sono ella*», exactamente como los *Shaktas*, en lugar de *So'ham*, «Yo soy El» (el *Ana Hoa* del esoterismo islámico) dicen *Sâ'ham*, «Yo soy Ella». Por otra parte, Valli subraya que, al lado del *Rebis* representado en *Rosarium Philosophorum*, se ve una especie de árbol portando seis parejas de rostros dispuestos simétricamente a cada lado del tallo y un rostro único en la cumbre, que él identifica con los personajes de la figura de Francesco da Barberino; parece tratarse efectivamente en los dos casos, de una jerarquía iniciática en siete grados, estando caracterizado esencialmente el último grado por la reconstitución del Andrógino hermético, es decir, en suma, la restauración del «estado primordial»; y esto concuerda con lo que hemos tenido la ocasión de decir sobre el significado del término «Rosa-Cruz», que designa la perfección del estado humano. A propósito de la iniciación de siete grados, hemos hablado, en nuestro estudio sobre *El esoterismo de Dante*, de la escalera de siete peldaños; es cierto que éstos, generalmente, más bien están en correspondencia con los siete cielos planetarios, que se refieren a los estados suprahumanos; pero, en razón de la analogía, debe existir en un mismo sistema iniciático, una similitud de repartición jerárquica entre los «misterios menores» y los «misterios mayores». Por otra parte, el ser reintegrado al centro del estado humano está por ello mismo preparado para elevarse a los estados superiores y domina ya las condiciones de la existencia en este mundo del que se ha transformado en maestro; por eso el *Rebis* del *Rosarium Philosophorum* tiene bajo sus pies a la luna, y en el de Basilio Valentín al dragón; este significado ha sido completamente ignorado por el Sr.Valli, que no ha visto en ello más que símbolos de la doctrina corrompida del «error que oprime al mundo», mientras que, en realidad, la luna representa el dominio de las formas (el simbolismo es el mismo que el de «caminar sobre las aguas»); y el dragón es aquí la representación del mundo elemental.

Luigi Valli, aun teniendo alguna duda sobre las relaciones de Dante con los Templarios, de las que existen múltiples indicios, levanta una discusión respecto a la medalla del museo de Vienne de la que hemos hablado en *El Esoterismo de Dante*; él ha querido ver esta medalla y ha comprobado que sus dos caras habían sido reunidas posteriormente y habían debido pertenecer primero a dos medallas diferentes; reconoce además que esta extraña operación no ha debido hacerse sin alguna razón. En cuanto a F.S.K.l.P.F.T. que figuran en el reverso, son para él las de las siete virtudes: *Fides*, *Spes*, *Karitas*, *Justitia*, *Prudentia*, *Fortitudo*, *Temperantia*, aunque hay una anomalía en el hecho de -que están dispuestas en dos líneas de cuatro y tres en lugar de estarlo por tres y cuatro como lo querría la distinción de las tres virtudes teologales y las cuatro virtudes cardinales; como además están unidas a ramas de laurel y de olivo, «que son propiamente las dos plantas sagradas de los iniciados», admite que esta interpretación no excluye forzosamente la existencia de otro significado más oculto; y añadiremos que la ortografía anormal de *Karitas*, en lugar de *Charitas*, podría haber sido necesaria precisamente por este doble sentido. Por lo demás, habíamos señalado en el mismo estudio, el papel iniciático dado a las tres virtudes teologales, y que ha sido conservado en el 18º grado de la Maso-nería escocesa[87]; por otra parte, el septenario de las virtudes está formado por un ternario superior y un cuaternario inferior, lo que indica suficientemente que está constituido según los principios esotéricos; y finalmente puede también corresponder, como el de las «artes liberales» (divididas a su vez en *trivium y quadrivium*), a los siete escalones a los cuales hacíamos alusión

---

[87] En el 7º grado, el de «Caballero de Oriente y de Occidente», se encuentra también una divisa formada por siete iniciales, que son las de un septenario de atributos divinos cuya enumeración esta sacada de un pasaje del *Apocalipsis*.

anteriormente, tanto más cuanto que, de hecho, la «fe» (la *Fede Santa*) figura siempre en el más alto escalón de la «escala misteriosa» de los *Kadosch*; todo esto forma pues un conjunto mucho más coherente de lo que puedan creer los observadores superficiales.

Por otro lado, Valli ha descubierto en el mismo museo de Vienne, la medalla original de Dante, y el reverso de ésta presenta aún una figura muy extraña y enigmática: un corazón situado en el centro de un sistema de círculos que tiene la apariencia de una esfera celeste, pero que no lo es en realidad, y a la que no acompaña ninguna inscripción[88]. Hay tres meridanos y cuatro círculos paralelos, que el Sr. Valli relaciona respectivamente con las tres virtudes teologales y las cuatro cardinales; lo que llevaría a pensar que esta interpretación debe ser exacta es sobre todo la justa aplicación, en esta disposición, del sentido vertical y del sentido horizontal con relación a la vida contemplativa y a la activa o a la autoridad

---

[88] Este corazón situado así nos recuerda la figura no menos notable y misteriosa del corazón de Saint- Denis d'Orques, representado en el centro de los círculos planetario y zodiacal, figura que fue estudiada por el Louis Charbonneau-Lassay en la revista *Regnabit*.

espiritual y al poder temporal que rigen una y otra, a lo que corresponden estos dos grupos de virtudes, que un círculo oblicuo, completando la figura (y formando con los demás el número 8 que es el del equilibrio), religa en una perfecta armonía bajo la irradiación de la «doctrina del amor»[89]. Una última nota concierne al nombre secreto que los «Fieles de Amor» daban a Dios: Francesco da Barberino, en su *Tractatis Amoris*, se ha hecho representar en una actitud de adoración ante la letra "I"; y, en la *Divina Comedia*, Adán dice que el primer nombre de Dios fue "I"[90], nombre que vino a ser después *El*. Esta letra "I", que Dante llama la «novena figura», siguiendo su lugar en el alfabeto latino (y sabemos la importancia simbólica que tenía para él el número 9^{91}, no es evidentemente otra que la *iod*, aunque ésta sea la décima letra en el alfabeto hebreo; y, de hecho, la *iod*, además de ser la primera letra del Tetragrama, constituye un

---

[89] Se podrá, a este propósito, acudir a lo que ya hemos dicho del tratado *De Monarchia* de Dante en *Autoridad espiritual y poder temporal*.

[90] *Paraíso*, XXVI, 133.

[91] N. del T.: En el original francés viene el nº 4 pero creemos que está equivocado y que en realidad se refiere al número 9.

nombre divino por sí misma; ya sea aislada o ya sea repetida tres veces[92].

Es esa misma *iod* que en la Masonería, se ha transformado en la letra *G*, por asimilación con *God* (pues fue en Inglaterra donde se operó esta transformación); esto sin perjuicio de otros múltiples significados que han venido secundariamente a concentrarse en esa misma letra G, y que no está en nuestro propósito examinar aquí.

Es de desear vivamente, deplorando la desaparición del Sr. Luigi Valli, que encuentre continuadores en este campo de investigaciones tan vasto como poco explotado hasta ahora; y parece que debe ser así, puesto que él mismo nos advierte que ha sido seguido por el Sr. Gaetano Scarlata, que ha dedicado una obra al estudio especial del tratado *De vulgari eloquentia* de Dante,

---

[92] ¿Es por una simple coincidencia que el corazón de Sant-Denis d'Orques, del que acabamos de hablar, lleve una herida (o algo que se le parece) en forma de *iod*? No habría razones para suponer que las antiguas representaciones del "Sagrado Corazón" anteriores a su adopción «oficial» por la Iglesia, hayan podido tener alguna relación -con doctrina de los «Fieles de Amor» y de sus continuadores? (Publicado en "Le Voile d'Isis, marzo de 1932.)

libro «lleno de misterios» como también Rossetti y Aroux lo habían visto, y que, mientras que parece hablar simplemente del idioma italiano, se refiere en realidad a la lengua secreta, según un procedimiento igualmente en uso en el esoterismo islámico, en donde, como lo hemos señalado en otra ocasión, una obra iniciática puede revestirse con la apariencia de un simple tratado de gramática. Se harán sin duda aún muchos otros descubrimientos en el mismo orden de ideas; y aunque los que se consagran a estas investigaciones no aporten personalmente más que una mentalidad «profana (con la condición de que sea no obstante imparcial) y no vean más que el objeto de una especie de curiosidad histórica, los resultados obtenidos no serán menos susceptibles en sí mismos, y para los que sabrán comprender todo su alcance real, de contribuir eficazmente a una restauración del espíritu tradicional: estos trabajos ¿no se relacionan, aunque sea inconsciente e involuntariamente, con la búsqueda de la Palabra perdida», que es lo mismo que la «búsqueda del Grial»?

Capítulo VI

NUEVAS APRECIACIONES SOBRE EL LENGUAJE SECRETO DE DANTE

Al hablar anteriormente de los dos tomos del último libro del Sr. Valli, mencionamos la obra que, siguiendo las mismas ideas directrices, el Sr. Gaetano Scarlata ha dedicado al tra-tado *De vulgari eloquentia* de Dante o más bien, como prefiere llamarlo (pues el título no ha sido fijado nunca exactamente) *De vulgaris eloquentiae doctrina*, según la expresión empleada por el autor mismo para definir el tema desde el principio, y a fin de poner en evidencia su intención en cuanto "contenido doctrinal de la poesía en lengua vulgar[93]. En efecto, los que Dante llama *poeti volgari*, son aquellos cuyos escritos tenían, como él dice, *verace intendimento*, es decir

---

[93] *Le origini della letteratura italiana nel pensiero di Dante*, Palermo, 1930.

contenían un sentido oculto conforme al simbolismo de los "Fieles de Amor", puesto que los opone a los *litterali* (y no *litterati* como se ha leído a veces incorrectamente), o aquellos que escribían solamente en sentido literal. Los primeros son para ellos ver-daderos poetas, y los llama también *trilingües doctores*, lo que puede entenderse exteriormente por el hecho de que tal poesía existía en tres lenguas: italiana, provenzal (no «francesa» como dice erróneamente el Sr. Scarlata) y española, pero en realidad significa (ya que ningún poeta escribió de hecho en esas tres lenguas) que debía interpretarse en un triple sentido[94]; y Dante, a propósito de estos *trilingües doctores* dice que *maxime con veniunt in hoc vocabulo quod est Amor*, lo que es una alusión evidente a la doctrina de los «Fieles de Amor».

Respecto a éstos, Scarlata hace una puntualización muy justa: piensa que nunca debieron constituir una asociación con formas rigurosamente definidas, más o menos parecidas a

---

[94] Sin duda es necesario entender por ello tres sentidos superiores al sentido literal, de manera que, con éste, habría cuatro sentidos, de los que habla Dante en el *Convito*, como lo hemos indicado desde el principio en nuestro estudio sobre *El Esoterismo de Dante*.

las de la Masonería moderna por ejemplo, con un poder central estableciendo «filiales» en las diversas localidades; y podemos añadir, en apoyo de esto, que en la Masonería misma no existió nada igual hasta la constitución de la Gran Logia de Inglaterra en 1717. No parece que por lo demás, el Sr. Scarlata haya entendido completamente el alcance de este hecho, puesto que cree que debe atribuirlo simplemente a las circunstancias poco favorables a la existencia de una institución que pudiese presentarse bajo apariencias más estables; en realidad, como ya lo hemos dicho a menudo, una organización verdaderamente iniciática no puede ser una «sociedad» en el sentido moderno de la palabra, con todo el formalismo exterior que implica; cuando aparecen estatutos, reglamentos escritos y otras cosas de este género, se puede estar seguro que ahí hay una degeneración que da a la organización un carácter «semiprofano», si se puede emplear tal expresión. Pero, en lo que respecta al orden propiamente iniciático, Scarlata no ha ido hasta el fondo de las cosas, y parece incluso que no se ha acercado tanto como Luigi Valli; ve sobre todo el lado político, del todo accesorio, y habla constantemente de «sectas», punto sobre el cual nos hemos explicado ampliamente en nuestro capítulo precedente; no obtiene de sus desarrollos más que pocas consecuencias de la afirmación de la doctrina (esotérica y no herética) del *amor sapientiae*, que es sin embargo esencial, ateniéndose el resto solamente a las contingencias históricas. Por lo demás es posible que el tema de este estudio se haya prestado bastante fácilmente a lo que nos parece un error de pers-pectiva: el *De vulgaris eloquentiae doctrina* tiene un nexo di-recto con el *De Monarchia* y, por consiguiente, se relaciona con la parte de la obra de Dante en la que las aplicaciones sociales tienen el lugar más considerable; pero esas aplicaciones ¿pueden ser bien comprendidas si no se las relaciona constantemente con su principio? Lo más molesto es que el Sr. Scarlata, cuando pasa a visiones históricas de conjunto se deja arrastrar por interpretaciones más que discutibles; ¿no llega hacer de Dante y de los «Fieles de Amor» unos adversarios del espíritu de la Edad Media y unos precursores de las ideas modernas, animadas de un espíritu «laico» y «democrático» que sería en realidad todo lo que hay de más «anti-iniciático»? Esta segunda parte de su libro, donde hay sin embargo indicaciones interesantes, particularmente sobre las influencias en la corte de

Federico II y en el movimiento franciscano, habría que retomarla sobre bases más conformes al sentido tradicional; es cierto que no se presenta más que como una «primera -tentativa de reconstrucción histórica», y ¿quién sabe si el autor no será impulsado por sus investigaciones ulteriores a rectificar por sí mismo?

Una de las causas del desconocimiento de Scarlata está quizás en la forma en que Dante opone el uso del *vulgare* al del latín, lengua eclesiástica, y también la manera de simbolizar de los poetas, según el *verace intendimento,* frente a la de los teólogos (siendo esta última una simple alegoría); pero es a los ojos de los adversarios de Dante, o (lo que en tal caso viene a significar lo mismo) de los que no le comprendieron, para los que el *vulgare* no era más que el *sermolaicus,* mientras que para él mismo era otra cosa distinta; y, por otra parte, desde el punto de vista estrictamente tradicional, la función de los iniciados, ¿no es verdaderamente más «sacerdotal» que la de un «clérigo» exoterista que no posee más que la letra y se detiene en la corteza de la doctrina?[95] El punto esencial aquí, es saber lo que Dante entiende por la expresión *vulgare illustre* que puede parecer extraña y contradictoria si nos atenemos al sentido ordinario de las palabras, pero que se explica si se subraya que él tomaba *vulgare* como sinónimo de *naturale*; es la lengua que el hombre aprende directamente por transmisión oral (como el niño, que desde el punto de vista iniciático representa al neófito, aprende su propia lengua materna), es decir, simbólicamente, la lengua que sirve de vehículo a la tradición, y que puede, bajo este punto de vista, identificarse a la lengua primordial y universal. Esto toca de cerca, como se ve, a la cuestión de la misteriosa «lengua siríaca» (*loghah sûryâni-yah*) de la que hemos hablado en artículos precedentes[96]; es cierto que para Dante esta "lengua de la revelación" parece haber sido el hebreo, pero, como ya dijimos entonces, tal afirmación no debe tomarse al pie de la letra, pudiendo decirse lo mismo de toda lengua

---

[95] Según el orden jerárquico normal, el iniciado está por encima del «clero» ordinario (siendo éste teológico), mientras que el «laico» está naturalmente por debajo de éste.

[96] "La Science des lettres" ("Voile d'Isis", n.º de febrero de 1931), y "La langue des oiseaux" (nº de noviembre de 1931). (N. del T: recopilados póstumamente en *Símbolos de la Ciencia Sagrada*).

que tenga un carácter «sagrado», es decir, que sirva para la expresión de una forma tradicional regular[97]. Según Dante, la lengua hablada por el primer hombre, creado inmediatamente por Dios, fue continuada por sus descendientes hasta la edificación de la Torre de Babel; después «*hanc formam locutionis hereditati sunt filii Heber...; hiis solis post confusionem remansit*»; pero estos «hijos de He-ber» ¿no son todos los que han guardado la tradición, más bien que un pueblo determinado? El nombre de «Israel» ¿no ha sido empleado a menudo para designar al conjunto de los iniciados, sea cual sea su origen étnico, y éstos, que de hecho forman realmente el «pueblo elegido», ¿no poseen la lengua universal que les permite a todos comprenderse entre ellos, es decir, el conocimiento de la tradición única que está oculta bajo todas las formas particulares?[98] Además, si Dante hubiera pensado que se trataba realmente de la

---

[97] No hay que decir que, cuando se oponen «lenguas vulgares» a «lenguas sagradas», se toma la palabra «vulgar» en su sentido habitual; si se tomase en el sentido de Dante, esta expresión no podría aplicarse, y sería mejor la de "lenguas profanas" la que habría que tomar para evitar todo equívoco.

[98] Ver a este respecto el capítulo sobre "El don de lenguas", en *Apreciaciones sobre la -Iniciación*.

lengua hebrea, no habría podido decir que la Iglesia (designada por el nombre enigmático de *Petramala*) cree hablar la lengua de Adán, puesto que habla, no el hebreo, sino el latín, para el que nadie ha reivindicado nunca la cualidad de lengua primitiva; pero, si se entiende por ello que cree enseñar la verdadera doctrina de la revelación, todo se vuelve perfectamente inteligible. Por lo demás, incluso admitiendo que los primeros Cristianos, que poseían esta verdadera doctrina, hayan hablado efectivamente el hebreo (lo que sería históricamente inexacto, pues el arameo no es el hebreo como el italiano no es el latín), los «Fieles de Amor», que se consideraban como sus continuadores, no han pretendido nunca retomar este lenguaje para oponerlo al latín, como hubiesen debido hacer lógicamente si se hubiesen atenido a la interpretación literal[99].

---

[99] Añadamos aún que, como lo nota el Sr. Scarlata, la idea de la continuación de la lengua primitiva es contradicha por las palabras que Dante mismo, en la *Divina Comedia* -atribuye a Adán (*Paraíso*,XXVI, 124). Estas palabras pueden explicarse por la consideración de los períodos cíclicos, la lengua original fue *tutta spenta* desde el final del -*Krita-Yuga*, es decir, antes de la tentativa del «pueblo de Nemrod», que sólo corresponde al principio del *Kali-yuga*.

Se ve que todo esto está muy lejos del significado puramente «filológico» que se atribuye habitualmente al tratado de Dante, y que se trata en el fondo de algo muy distinto al idioma italiano, e incluso en lo que se refiere a éste realmente, puede tener un valor simbólico. De manera que, cuando Dante opone tal ciudad o tal región a tal otra, no se trata simplemente de una oposición lingüística, sino que, cuando cita ciertos nombres como los de *Petramala,* los *Papienses* o los *Aquilegienses,* hay en esa elección (sin llegar hasta la consideración de un simbolismo geográfico propiamente dicho) intenciones bastante transparentes, como ya lo había subrayado Rossetti; y, naturalmente, es necesario a menudo, para comprender el verdadero sentido de tal o cual palabra aparentemente insignificante, referirse a la terminología convencional de los «Fieles de Amor». El Sr. Scarlata hace muy bien en observar que son casi siempre los ejemplos (comprendidos los que parecen no tener más que un valor puramente retórico o gramatical) los que dan la clave del contexto; había ahí, en efecto, un excelente medio para desviar la atención de los «profanos» que no podían ver más que frases sin importancia; se podría decir que esos ejemplos juegan un papel bastante parecido al de los «mitos» en los Diálogos platónicos, y no hay más que ver lo que hacen de ellos los «críticos» universitarios par darse cuenta de la eficacia del procedimiento que consiste en poner «fuera de juego», si puede decirse así, lo que precisamente tiene mayor importancia.

En suma, lo que Dante parece haber tenido en mente de manera esencial, es la constitución de un lenguaje apto, por superposición de múltiples sentidos, para explicar en la medida de lo posible la doctrina esotérica; y si la codificación de tal lenguaje puede ser calificada de «retórica», es, en todo caso, una retórica de un género muy especial, tan alejada de lo que hoy se entiende por esa palabra, como la poesía de los "Fieles de Amor" lo está de la de los modernos, cuyos predecesores son esos *litterati* a los que Dante reprochaba el rimar «sottemente» (*stoltamente*) sin encerrar en sus versos ningún sentido profundo[100]. Según las palabras de Luigi Valli que ya hemos citado, Dante

---

[100] Más o menos de la misma forma que los predecesores de los químicos actuales son, -no los verdaderos alquimistas, sino los «sopladores»; se trate de ciencias o de artes, la concepción puramente «profana» de los modernos resulta siempre de una degeneración parecida. Publicado originalmente en "Le Voile d'Isis", julio de 1932.

se proponía algo totalmente distinto a hacer «literatura», y ello significa que era precisamente todo lo contrario de un moderno; su obra, lejos de oponerse al espíritu de la Edad Media, es una de sus más perfectas síntesis, al mismo nivel que las de los constructores de catedrales; y los más simples datos iniciáticos permiten comprender sin esfuerzo que existen para esta asimilación razones muy profundas.

Capítulo VII

«FIELES DE AMOR»
Y «CORTES DE AMOR»

Publicado en "Le Voile d´Isis", julio de 1933.

Las investigaciones sobre los «Fieles de Amor», continúan dando lugar en Italia a interesantes trabajos: el Sr. Alfonso Ricolfi, que ya había hecho aparecer diversos artículos sobre este tema, acaba de publicar un estudio al que seguirán otros, y donde afirma su intención de retomar la obra inacabada por Luigi Valli[101]. Quizá lo hace, sin embargo, con cierta timidez, pues estima que éste ha «exagerado» sobre ciertos puntos, particularmente rechazando una existencia real de todas las mujeres cantadas por los poetas relacionados con los «Fieles de Amor»,

---

[101] Studi sui «Fedeli d'Amore»; I. Le «Corti d'Amore» in Francia ed i loro riflesi in Italia; Roma, Biblioteca della Nuova Rivista Storica, Societa Editrice Dante Alighieri, 1933.

opuestamente a la opinión más comúnmente admitida; pero, a decir verdad, esta cuestión tiene sin duda menos importancia de la que él parece creer, al menos cuando uno se sitúa fuera de un punto de vista de simple curiosidad histórica, y que no afecta en nada a la verdadera interpretación. No hay en ello nada imposible, en efecto, por lo que algunos, al designar por un nombre femenino a la Sabiduría divina pueden haber adoptado, a título puramente simbólico, el nombre de una persona que haya vivido realmente, e incluso puede haber para ello dos razones: primeramente, como acabamos de decir hace poco, no importa cuál ha podido ser según la naturaleza de los individuos, la ocasión y el punto de partida de un desarrollo espiritual, y éste puede ser tanto con un amor terrestre como en cualquier otra circunstancia (de tal modo que no hay que olvidar que lo que aludimos aquí puede, en suma, ser caracterizado como una vía de *Kshatriya*); por otra parte el verdadero sentido de la designación así empleada era difícilmente penetrable para los profanos, que se atenían naturalmente a la letra, y esta ventaja, aunque de orden contingente, no era quizá completamente despreciable.

Esta cuestión nos lleva a considerar otro punto

que tiene con éste una relación bastante estrecha: Ricolfi estima que es necesario distinguir entre «Cortes de Amor» y «Cortes de amor»; y esta distinción no es, como se podría creer a primera vista, una simple sutileza. En efecto, es necesario entender por «Corte de Amor» una asamblea simbólica presidida por el Amor mismo personificado, mientras que una «Corte de amor» es solamente una reunión humana, constituyendo una especie de tribunal llamado a pronunciarse sobre casos más o menos complejos; que estos casos hayan sido reales o supuestos o, en otros términos, que se haya tratado de una jurisdicción efectiva o de un simple juego (y de hecho han podido existir uno y otro), poco importa desde el punto de vista en el que nos situamos. Las «Cortes de amor», si verdaderamente se ocupaban solamente de cuestiones concernientes al amor profano, no eran la asamblea de los verdaderos "Fieles de Amor"(a menos que éstos hayan tomado a veces esta apariencia exteriormente para ocultarse mejor); pero han podido ser una imitación y como una parodia, nacida de la incomprensión de los no iniciados, dado que existían incontestablemente en la misma época poetas profanos que, halagando en sus versos a mujeres reales, no admitían más que el sentido literal. Del mismo modo, al lado de los verdaderos alquimistas, estaban los «sopladores»; aquí también, es necesario ponerse a salvo de confusión entre unos y otros, y no es fácil sin un examen profundo pues, exteriormente, su lenguaje puede ser el mismo; y esta confusión, en este como en el otro caso, ha podido servir a veces para desviar las investigaciones indiscretas.

Pero lo que sería inadmisible, es atribuir una especie de prioridad o de anterioridad a lo que no es más que una falsificación o degeneración; y el Sr. Ricolfi nos parece dispuesto a admitir muy fácilmente que el sentido profundo haya podido ser como sobreañadido *a posteriori* a algo que, en principio, no habría tenido más que un carácter totalmente profano. A este respecto, nos contentaremos con repetir lo que hemos dicho bastante a menudo sobre el origen iniciático de toda ciencia y de todo arte, cuyo carácter propiamente tradicional no ha podido perderse más que por efecto de la incomprensión de la que acabamos de hablar; además, suponer lo contrario es admitir una influencia del mundo profano sobre el mundo iniciático, es decir, una inversión de las verdaderas relaciones jerárquicas que son inherentes a la naturaleza misma de las cosas. Lo que puede engañar, en el caso presente, es que la imitación profana ha debido siempre ser más visible que la verdadera organización de los «Fieles de Amor», organización que, por lo demás, habría que abstenerse de concebir a la manera de una "sociedad", como ya lo hemos explicado para las organizaciones iniciáticas en general[102]: si puede parecer inalcanzable para el historiador moderno, eso es una prueba, no de su existencia, sino por el contrario de su carácter verdaderamente serio y profundo[103].

Uno de los principales méritos del trabajo del Sr, Ricolfi es aportar nuevas indicaciones en lo que concierne a la existencia de los «Fieles de Amor» en la Francia septentrional; y el poema poco conocido de Jacques de Baisieux sobre los *Fiefs*

---

[102] Ver *Apreciaciones sobre la Iniciación*, París, 1953, 2ª ed.

[103] Recordemos a este respecto que no puede tratarse, de ningún modo, de una "secta"; el dominio iniciático no es el de la religión exotérica, y la formación de "sectas" religiosas no puede haber sido aquí más que otro caso de degeneración profana; lamentamos volver a encontrar aún en el Sr. Ricolfi cierta confusión entre ambos dominios, que oscurece mucho la comprensión de lo que se trata realmente.

d'Amour (identificados a los «feudos celestes» por oposición a los «feudos terrestres»), sobre el que se extiende bastante, es particularmente significativo a este respecto. Las huellas de tal organización son con seguridad mucho más escasas en esta región que en el Languedoc y en Provenza[104]; no hay que olvidar sin embargo que allí apareció, un poco más tarde, el *Roman de la Rose*; y además se sugieren estrechas relaciones con la «Caballería del Grial» (a la cual Jacques de Baisieux hace alusión explícitamente) por el hecho de que Chrétien de Troyes tra-dujo el *Ars amandi* de Ovidio, que muy bien podría tener, de este modo, otro significado distinto al puramente literal (y no habría que sorprenderse por parte del autor de las *Metamorphosis*). Sin duda, está lejos de haberse dicho todo sobre la «caballería errante», cuya idea misma se relaciona con la de los «viajes» iniciáticos: no podemos, por el momento, más que recordar todo lo que ya se ha escrito sobre este último tema y añadiremos solamente que la expresión de

---

[104] ¿Es por simple coincidencia que en el *Compagnonnage*, el "*Tour de France*" deje de lado toda la región septentrional y no comprenda más que las ciudades situadas al sur del Loira, o hay que ver en ello algo cuyo origen puede remontarse muy lejos y cuyas razones, ni que decir tiene, se han perdido hoy día completamente de vista?

«caballeros salvajes», señalada por Ricolfi, merecería ella sola un estudio particular.

Hay cosas bastante extrañas en el libro de André, capellán del rey de Francia; desgraciadamente han escapado en parte a Ricolfi, que da cuenta de algunas sin ver en ellas nada extraordinario. De este modo, se dice que el palacio del Amor se eleva «en medio del Universo», que este palacio tiene cuatro lados y cuatro puertas; la puerta de Oriente está reservada a Dios, y la del Norte permanece siempre cerrada. Pero hay aquí algo particularmente interesante: el Templo de Salomón, que simboliza el «Centro del Mundo», tiene también, según la tradición masónica, la forma de un cuadrilátero o «cuadrado largo», y las puertas se abren sobre tres de sus lados, y solamente el del Norte no tiene ninguna abertura; si hay una ligera diferencia (ausencia de puerta por una parte, puerta cerrada por otra), el simbolismo es exactamente el mismo, siendo el Norte el lado oscuro, el que no ilumina nunca la luz del sol[105].

---

[105] Es el lado del *yin* en la tradición china, mientras que el lado opuesto es del *yang*; y esta puntualización podría ayudar a resolver la controvertida cuestión de la posición respectiva de las dos columnas simbólicas: la del Norte debe normalmente corresponder

Además, el Amor aparece aquí bajo la forma de un rey, que lleva sobre la cabeza una corona de oro; ¿no es así como lo vemos representado igualmente, en la Masonería escocesa, en el grado de «Príncipe de la Merced»[106], y no puede esto indicar entonces que es el «rey pacífico», que es el mismo sentido del nombre de Salomón? Todavía hay otra relación que no es menos sorprendente; en diversos poemas y fábulas, la «Corte de Amor» está descrita como compuesta de pájaros, que toman la palabra uno tras otro; ya hemos dicho anteriormente lo que había que entender por «lengua de los pájaros»[107]; ¿sería admisible ver pura coincidencia en el hecho de que, como ya lo hemos dicho, es precisamente en conexión con Salomón que esta «lengua de los pájaros» se encuentra expresamente mencionada?

Añadamos aún otro punto que tiene interés

---

al principio femenino y la del Sur al principio masculino.

[106] Ver *El Esoterismo de Dante*, pp. 16-19. El Sr. Ricolfi ha estudiado él mismo en uno -de sus artículos del *Corriere Padano*, el sentido particular dado por los "Fieles de Amor" a la palabra *Merzé*, que parece haber sido una de las enigmáticas designaciones de su organización.

[107] Ver nuestro artículo sobre este tema en "Le Voile d'Isis", n°. de noviembre del 1931. (está incluido en *Símbolos de la Ciencia Sagrada*).

para establecer otras concordancias: los papeles principales, en esta «Corte de Amor», parecen ser generalmente atribuidos al ruiseñor y al loro; se sabe la importancia dada al rui-señor en la poesía persa, de la que Valli señaló los puntos de contacto con la de los «Fieles de Amor», pero lo que quizá se sabe menos es que el loro es el *vahana* o vehículo simbólico de *Kama*, es decir del *Eros* hindú; todo esto ¿no es bastante para reflexionar? Y, dado que estamos tratando lo que concierne a los pájaros, ¿no es curioso también que Francesco da Barberino, en sus *Documenti d'Amore*, represente al Amor con pies de halcón o de gavilán, el pájaro emblemático del *Horus* egipcio, cuyo simbolismo está estrechamente ligado con el del «Corazón del Mundo»?[108].

A propósito de Francesco da Barberino, el Sr Ricolfi vuelve sobre la figura de la que ya hemos hablado[109], en la que seis personajes dispuestos simétricamente y un decimotercer personaje andrógino en el centro, representan bastante

---

[108] El Sr. Louis Charbonneau-Lassay ha consagrado un estudio a este respecto revista *Regnabit*.

[109] V. "El lenguaje secreto de Dante y los *Fieles de Amor*" II.

visiblemente siete grados iniciáticos; si su interpretación difiere un poco de la de Luigi Valli, no es más que sobre detalles que no cambian en nada el significado esencial. En otra parte, da la reproducción de una segunda figura, representación de una "Corte de Amor" en la que los personajes están repartidos sobre gradas; este hecho no parece haber llamado particularmente su atención, pero si se quiere relacionar bien con lo que ya hemos dicho antes sobre el papel del número 11 en Dante, respecto al simbolismo de ciertas organizaciones iniciáticas[110], se comprenderá fácilmente su importancia. Por lo demás, parece que el autor de los *Documenti d'Amore*, no ignoraba ciertos conocimientos tradicionales de un género bastante especial, como la explicación del sentido de las palabras por el desarrollo de sus elementos constitutivos; en efecto, cuando se lee atentamente esta frase mediante la que definió una de las doce virtudes a las cuales corresponden las doce partes de su obra

---

[110] *El esoterismo de Dante*, pp. 67-73. El Sr. Ricolfi parece bastante proclive a admitir las relaciones de los «Fieles de Amor» con los Templarios, aunque no hace más que una alusión de pasada, estando esta cuestión fuera del tema que se ha propuesto tratar más especialmente.

(y este número también tiene su razón de ser: es un zodíaco en el que el Amor es el Sol), y que el Sr Ricolfi cita sin comentario: «*Do-cilitas, data novitus notitia vitiorum, docet illos ab illorum vilitate abstinere*»; ¿no hay algo aquí que recuerda, por ejemplo, al *Cratilo* de Platón?[111]

Señalemos aún, sin dejar a Francesco da Barberino, un fallo bastante curioso de Ricolfi a propósito de su figura andrógina, que es claramente hermética y no tiene absolutamente nada de «mágica», pues son dos cosas completamente distintas; él habla a este respecto incluso de «magia blanca», mientras que querría ver «magia negra» en el *Rebis* de Basilio Valentin,

---

[111] En una época más reciente, volvemos a encontrar un procedimiento similar, empleado de forma mucho más aparente, en el tratado hermético de Cesare della Ri-viera, *Mondo mágico degli Heroi* (ver nuestra reseña en "Le *Voile d'Isis*", n.º de octubre de 1932). Del mismo modo, cuando Jacques de Baisieux dice que *a-mor* significa "sin muerte", no es necesario declarar como lo hace Ricolfi que es una «falsa etimología»: en realidad no se trata para nada de etimología sino de un procedimiento de interpretación comparable al *nirukta* de la tradición hindú; y sin conocer el poema e cuestión, habíamos indicado esta explicación, añadiendo una comparación con las palabras sánscritas *a-mara* y *a-mrita* en el primer artículo que hemos consagrado a los trabajos de Luiggi Valli.

a causa del dragón, que como ya lo hemos dicho[112] representa simplemente el mundo elemental, y que además se coloca bajo los pies del *Rebis*, así pues dominado por él, y también, cosa más divertida, ¡a causa de la escuadra y el compás, ello por razones que es fácil adivinar y que provienen sin duda mucho más de contingencias políticas que de consideraciones de orden iniciático! Finalmente, para terminar, puesto que el Sr. Ricolfi parece tener alguna duda sobre el carácter esotérico de la figura en la que, bajo la apariencia de una simple «letra adornada», Francesco da Barberino se hace representar en adoración ante la letra I, precisemos el significado de ésta, que fue según Dante el primer nombre de Dios: designa propiamente la «Unidad divina» (y además por ello este nombre es primero la unidad de la esencia, precediendo necesariamente a la multiplicidad de los atributos); en efecto, no solamente ella es el equivalente de la *Iod* hebrea, hieroglifo del Principio y en sí misma principio de todas las demás letras del alfabeto, y cuyo valor numérico 10 se refiere a la unidad (es la unidad desarrollada en el cuaternario:

---

[112] V. "El lenguaje secreto de Dante y los *Fieles de Amor*" II, "Voile d'Isis, marzo de 1932.

1+2+3+4=10, o el punto central que produce por su expansión el círculo de la manifestación universal); no solamente la letra I representa la unidad en la numeración latina, en razón su forma rectilínea, que es la más simple de todas las geométricas (siendo el punto «sin forma»), sino que incluso la lengua china, la palabra "i" significa «unidad», y *Tai-i* es la «Gran Unidad», que está representada simbólicamente residiendo en la estrella polar, lo cual está lleno de significado pues, volviendo a la letra "I" de los alfabetos occidentales, percibimos que, siendo una recta vertical, es por ello mismo adecuada para simbolizar el «Eje del Mundo», cuya importancia en todas las doctrinas tradicionales conocemos[113]; así pues, este «primer nombre de Dios» nos recuerda la anterioridad del simbolismo «polar» con respecto al simbolismo «solar».

Naturalmente, hemos insistido aquí sobre todo en los puntos o explicaciones del Sr. Ricolfi que son manifiestamente insuficientes, pues pensamos que

---

[113] En la Masonería operativa, la plomada, figura del "Eje del Mundo" está suspendida de la estrella polar o de la letra G, que en ese caso toma su lugar, y que no es, como ya lo habíamos indicado, más que un sustituto de la *iod* hebrea. (Cf. *La Gran Tríada*, Cap. XXV).

eso es lo más útil; pero es evidente que sería injusto agraviar a los especialistas de la «historia literaria», que no están nada preparados para abordar el dominio esotérico, por faltarles los datos necesarios para discernir e interpretar correctamente todos los símbolos iniciáticos. Es necesario, por contra, reconocer el mérito que tiene por su parte el atreverse a ir en contra de las opiniones oficialmente admitidas y de interpretaciones antitradicionales impuestas por el espíritu profano que domina el mundo moderno, y saber agradecerles el poner a nuestra disposición, al exponer imparcialmente el resultado de sus investigaciones, los documentos en los cuales podemos encontrar lo que ellos mismos no han visto; y no podemos más que desear ver aparecer aún muchos trabajos del mismo tipo que aporten nuevas luces sobre la cuestión tan misteriosa y compleja de las organizaciones iniciáticas de la Edad Media occidental.

Capítulo VIII

EL SANTO GRIAL

Publicado originalmente en "Voile d'Isis",
febrero y marzo de 1934.
Recopilado en Aperçus sur l'Ésotérisme Chrétien y en
Symboles de la Science Sacrée, capítulo IV.

Arthur Edward Waite ha publicado una obra sobre las leyendas del Santo Graal[114], imponente por sus dimensiones y por la suma de investigaciones que representa, en la cual todos los que se interesan en esa cuestión podrán encontrar una exposición muy completa y metódica del contenido de los múltiples textos a ella referidos, así como diversas teorías que se han propuesto para explicar el origen y la significación de esas complejísimas leyendas, a veces incluso contradictorias en algunos de sus elementos. Debe agregarse que A. E. Waite no se

---

[114] *The Holy Grail, its legends and symbolism*, Rider and Co. Londres, 1933.

ha propuesto realizar únicamente obra de erudición, y conviene elogiarle igualmente por eso, pues compartimos enteramente su opinión sobre el escaso valor de todo trabajo que no sobrepase tal punto de vista, cuyo interés no puede ser, en suma, sino "documental"; él ha intentado desentrañar el sentido real e "interior" del simbolismo del Graal y de la *queste* ("búsqueda" o "demanda"). Desgraciadamente, debemos decir que este aspecto de su obra nos parece el menos satisfactorio; las conclusiones a que llega son, inclusive, más bien decepcionantes, sobre todo si se piensa en la gran labor realizada para alcanzarlas; y sobre esto quisiéramos formular algunas observaciones, que se referirán por lo demás, como es natural, a cuestiones que ya hemos tratado en otras oportunidades.

No es, creemos, agraviar al señor Waite si decimos que su obra es un tanto *one sighted*; ¿deberemos traducirlo a nuestra lengua por "parcial"? Quizás ello no sea rigurosamente exacto y, en todo caso, no queremos decir que lo sea de modo deliberado; más bien, habría algo de ese defecto tan frecuente en aquellos que, habiéndose "especializado" en determinado orden de estudios, se ven inducidos a reducirlo todo a ellos, o a desdeñar lo que no se deja reducir así. Que la leyenda del Grial sea cristiana no es ciertamente discutible, y el señor Waite tiene razón al afirmarlo; pero, ¿ello impide necesariamente que sea también otra cosa al mismo tiempo? Quienes tienen conciencia de la unidad fundamental de todas las tradiciones no verán en eso ninguna incompatibilidad; pero el señor Waite, por su parte, no quiere ver, en cierto modo, sino lo que es específicamente cristiano, encerrándose así en una forma tradicional particular, y las relaciones que, precisamente por su vertiente "interior", guarda con las otras parecen entonces escapársele. No es que niegue la existencia de elementos de otro origen, probablemente anteriores al Cristianismo, pues sería ir contra la evidencia; pero no les concede sino muy escasa importancia, y parece considerarlos como "accidentales", como si hubiesen venido a agregarse a la leyenda "desde fuera", y simplemente a causa del medio en que ha sido elaborada. Así, tales elementos son considerados por él como pertenecientes a lo que se ha convenido en llamar el "folklore", no siempre por desdén, como la palabra inglesa podría hacerlo suponer, sino más bien para satisfacer a una especie de "moda" de nuestra época, y no dándose cuenta siempre de las intenciones implícitas en ello; y quizá no sea inútil insistir algo sobre este punto.

La concepción misma del "folklore", tal como se lo entiende habitualmente, reposa sobre una idea radicalmente falsa, la idea de que haya "creaciones populares", productos espontáneos de la masa del pueblo; y se ve enseguida la relación estrecha de esa manera de ver con los prejuicios "democráticos".

Como se ha dicho con mucho acierto, "el interés profundo de todas las tradiciones llamadas populares reside sobre todo en el hecho de que no son populares por origen"[115]; y agregaremos que, si se trata, como casi siempre es el caso, de elementos tradicionales en el verdadero sentido de esta palabra, por deformados, disminuidos, o fragmentarios que a veces puedan estar, y de cosas que tienen valor simbólico real, todo ello, muy lejos de ser de origen popular, no es ni siquiera de origen humano. Lo que puede ser popular es únicamente el hecho de la "supervivencia" cuando esos elementos pertenecen a formas tradicionales desaparecidas; y, a este respecto, el término de

---

[115] Luc Benoist, *La Cuisine des Anges, une esthétique de la pensée*, París, 1932, pág. 74.

"folklore" adquiere un sentido bastante próximo al de "paganismo", no tomando en cuenta sino la etimología de este último término, y eliminando la intención "polémica" e injuriosa. El pueblo conserva así, sin comprenderlos, los residuos de tradiciones antiguas, que se remontan a veces, inclusive, a un pasado tan remoto que sería imposible de determinar y que es costumbre contentarse con referir, por tal razón, al dominio oscuro de la "prehistoria"; cumple con ello la función de una especie de memoria colectiva más o menos "subconsciente", cuyo contenido ha venido, manifiestamente, de otra parte[116]. Lo que puede parecer más sorprendente es que, cuando se va al fondo de las cosas, se verifica que lo así conservado contiene sobre todo, en forma más o menos velada, una suma considerable de datos de orden esotérico, es decir, precisamente lo que hay de menos popular por esencia; y este hecho sugiere de por sí una explicación que nos limitaremos a indicar en pocas palabras. Cuando una forma tradicional está a punto de extinguirse, sus últimos

---

[116] Es ésta una función esencialmente "lunar", y es de notar que, según la astrología, la masa popular corresponde efectivamente a la Luna, lo cual, a la vez, indica a las claras su carácter puramente pasivo, incapaz de iniciativa o de espontaneidad.

representantes pueden muy bien confiar voluntariamente a esa memoria colectiva de que acabamos de hablar lo que de otro modo se perdería sin remedio; es, en suma, el único recurso para salvar lo que puede salvarse en cierta medida; y, al mismo tiempo, la incomprensión natural de la masa es garantía suficiente de que lo que poseía un carácter esotérico no será así despojado de este carácter, sino que permanecerá solamente como una especie de testimonio del pasado para aquellos que, en otros tiempos, sean capaces de comprenderlo.

Dicho esto, no vemos por qué se atribuiría al "folklore", sin más examen, todo lo que pertenece a tradiciones distintas al Cristianismo, haciendo de éste la única excepción; tal parece ser la intención del señor Waite, cuando acepta esa denominación para los elementos "precristianos", y particularmente célticos, que se encuentran en las leyendas del Grial. No hay, a este respecto, formas tradicionales privilegiadas; la única distinción que ha de hacerse es la de formas desaparecidas y formas actualmente vivas; y, por consiguiente, todo el problema se reduciría a saber si la tradición céltica había realmente cesado de vivir cuando se constituyeron las leyendas de que se trata. Esto es, por lo menos, discutible: por una parte, esa tradición pudo haberse mantenido mucho más tiempo de lo que ordinariamente se cree, con una organización más o menos oculta; y, por otra, esas leyendas mismas pueden ser más antiguas de lo que lo piensan los "críticos", no porque haya habido forzosamente textos hoy perdidos, en los que no creemos más que el señor Waite, sino porque pueden haber sido primeramente objeto de una tradición oral que puede haber durado varios siglos, lo que está lejos de ser un hecho excepcional. Por nuestra parte, vemos en ello la señal de una "adjunción" entre dos formas tradicionales, una antigua y otra entonces nueva: la tradición céltica y la tradición cristiana, adjunción por la cual lo que debía ser conservado de la primera fue en cierto modo incorporado a la segunda, modificándose sin duda hasta cierto punto en cuanto a la forma exterior, por adaptación y asimilación, pero no transponiéndose a otro plano, como lo pretende el señor Waite, pues hay equivalencias entre todas las tradiciones regulares; hay, pues, muy otra cosa que una simple cuestión de "fuentes", en el sentido que la entienden los eruditos. Sería quizá difícil precisar exac-tamente el lugar y la fecha en que se ha operado esa unión, pero ello no tiene sino un interés secundario y casi exclusivamente histórico; es, por lo demás, fácil de comprender que esas cosas son las que no dejan huellas en "documentos" escritos. Quizá la "Iglesia céltica" o "culdea" merece, a este respecto, más atención de la que el señor Waite parece dispuesto a concederle; su denominación misma podría darlo a entender así; no hay nada de inverosímil en que haya tras ella algo de otro orden, no ya religioso, sino iniciático, pues, como todo lo que se refiere a los vínculos existentes entre las diversas tradiciones, aquello de que aquí se trata se refiere necesariamente al dominio iniciático o esotérico. El exoterismo, sea religioso o no, no va jamás más allá de los límites de la forma tradicional a la cual pertenece propiamente; lo que sobrepasa tales límites no puede pertenecer a una "Iglesia" como tal, sino que ésta puede solamente ser su "soporte" exterior. Es ésta una observación sobre la que luego tendremos ocasión de volver.

Otra observación, que concierne más en particular al simbolismo, se impone también; hay símbolos que son comunes a las formas tradicionales más diversas y alejadas, no a consecuencia de "préstamos", que en muchos casos serían totalmente imposibles, sino porque pertenecen en realidad a la tradición primordial, de la cual todas esas formas proceden directa o indirectamente. Tal es precisamente el caso del vaso o de la copa; ¿por qué motivo lo que a estos objetos se refiere no sería sino "folklore" cuando se refiere a tradiciones "precristianas", mientras que solamente en el Cristianismo sería un símbolo esencialmente "eucarístico"?

Lo que ha de rechazarse aquí no son las asimilaciones propuestas por Burnouf u otros, sino las interpretaciones "naturalistas" que ellos han querido extender al Cristianismo como a todo el resto y que, en realidad, no son válidas en parte alguna. Sería preciso, pues, hacer aquí exactamente lo contrario de lo que Waite, quien, deteniéndose en explicaciones exteriores y superficiales, confiadamente aceptadas en cuanto no se trata del Cristianismo, ve sentidos radicalmente diferentes y sin mutua relación allí donde no hay sino aspectos más o menos múltiples de un mismo símbolo o de sus diversas aplicaciones; sin duda, otra cosa hubiese sido de no haberse visto impedido por su idea preconcebida de una especie de heterogeneidad entre el Cristianismo y las demás tradiciones. Del mismo modo, el señor Waite rechaza acertadamente, en lo que concierne a la leyenda del Grial, las teorías que apelan a pretendidos "dioses de la vegetación"; pero es lamentable que sea mucho menos claro con respecto a los Misterios antiguos, que tampoco tuvieron jamás nada en común con ese "naturalismo" de invención absolutamente moderna; los "dioses de la vegetación" y otras historias del mismo género no han existido jamás sino en la imaginación de Frazer y sus análogos, cuyas intenciones antitradicionales, por lo demás, no son dudosas.

A decir verdad, bien parece también que el señor Waite esté más o menos influido por cierto "evolucionismo"; esta tendencia se trasluce especialmente cuando declara que lo importante es mucho menos el origen de la leyenda que el último estado a que llegó ulteriormente; y parece creer que hubo de haber, del uno al otro, una especie de perfeccionamiento progresivo. En realidad, si se trata de algo que tiene carácter verdaderamente tradicional, todo debe, al contrario, estar dado desde el comienzo, y los desarrollos ulteriores no hacen sino tornarlo más explícito, sin agregar elementos nuevos y tomados del exterior.

El señor Waite parece admitir una especie de

"espiritualización", por la cual un sentido superior hubiese podido venir a injertarse en algo que no lo contenía originariamente; de hecho, lo que ocurre por lo general es más bien lo inverso; y aquello recuerda un poco demasiado las concepciones profanas de los "historiadores de las religiones". Encontramos, acerca de la alquimia, un ejemplo muy llamativo de esta especie de inversión: el señor Waite piensa que la alquimia material ha precedido a la espiritual, y que ésta no ha aparecido sino con Kunrath y Jacob Boehme; si conociera ciertos tratados árabes muy anteriores a éstos, se vería obligado, aun ateniéndose a los documentos escritos, a modificar tal opinión; y además, puesto que reconoce que el lenguaje empleado es el mismo en ambos casos, podríamos preguntarle cómo puede estar seguro de que en tal o cual texto no se trata sino de operaciones materiales. La verdad es que no siempre los autores han experimentado la necesidad de declarar expresamente que se trataba de otra cosa, la cual, al contrario, debía inclusive ser velada por el simbolismo utilizado; y, si ha ocurrido posteriormente que algunos lo hayan declarado, fue sobre todo frente a degeneraciones debidas a que había ya gentes quienes, ignorantes del valor de los símbolos, tomaban todo a la letra y en un sentido exclusivamente material: eran los "sopladores", precursores de la química moderna. Pensar que puede darse un sentido nuevo a un símbolo que ya no lo poseyera de por sí es casi negar el simbolismo, pues equivale a hacer de él algo artificial, sino enteramente arbitrario, y, en todo caso, puramente humano; y, en este orden de ideas, el señor Waite llega a decir que cada uno encuentra en un símbolo lo que él mismo pone, de modo que su significación cambiaría con la mentalidad de cada época; reconocemos aquí las teorías "psicológicas" caras a buen número de nuestros contemporáneos; ¿y no teníamos razón al hablar de "evolucionismo?"

A menudo lo hemos dicho, y nunca lo repetiremos demasiado: todo verdadero símbolo porta en sí sus múltiples sentidos, y eso desde el origen, pues no está constituido como tal en virtud de una convención humana, sino en virtud de la "ley de correspondencia" que vincula todos los mundos entre sí; bien que, mientras que algunos ven esos sentidos y otros no los vean o los vean solo en parte, eso no quita que estén realmente contenidos en él, y el "horizonte intelectual" de cada uno es lo que establece toda la diferencia: el simbolismo es una ciencia exacta, y no una ensoñación donde las fantasías individuales puedan darse libre curso.

No creemos, pues, en este orden de cosas, en "invenciones de los poetas", a las cuales parece dispuesto a conceder gran intervención; tales invenciones, lejos de recaer en lo esencial, no hacen sino disimularlo, deliberadamente o no, envolviéndolo en las apariencias engañosas de una "ficción" cualquiera; y a veces éstas lo disimulan demasiado bien, pues, cuando se tornan demasiado invasoras, acaba por resultar casi imposible descubrir el sentido profundo y original; ¿no fue así como, entre los griegos, el simbolismo degeneró en "mitología"? Este peligro es de temer sobre todo cuando el poeta mismo no tiene conciencia del valor real de los símbolos, pues es evidente que puede darse este caso; el apólogo del "asno portador de reliquias" se aplica aquí como en muchas otras cosas; y el poeta, entonces, desempeñará, en suma, un papel análogo al del pueblo profano que conserva y transmite sin saberlo datos iniciáticos, según decíamos anteriormente. La cuestión se plantea muy particularmente aquí: los autores de las novelas del Graal ¿estuvieron en este último caso, o, al contrario, eran conscientes, en mayor o menor grado, del sentido profundo de lo que expresaban? Desde luego, no es fácil responder con certeza, pues, también aquí, las apariencias pueden engañar: frente a una mezcla de elementos insignificantes e incoherentes, uno está tentado de pensar que el autor no sabía de qué hablaba; sin embargo, no es forzosamente así, pues ha ocurrido a menudo que las oscuridades y aun las contradicciones sean enteramente deliberadas y que los detalles inútiles tengan expresamente por finalidad extraviar la atención de los profanos, de la misma manera que un símbolo puede estar intencionalmente disimulado en un motivo más o menos complicado de ornamentación; en la Edad Media sobre todo, los ejemplos de este género abundan, aunque más no fuera en Dante y los "Fieles de Amor". El hecho de que el sentido superior se hace menos transparente en Chrestien de Troyes, por ejemplo, que en Robert de Boron, no prueba, pues, necesariamente que el primero haya sido menos consciente del sentido simbólico que el segundo; aún menos debería concluirse que ese sentido esté ausente de sus escritos, lo cual representaría un error comparable al que consiste en atribuir a los antiguos alquimistas preocupaciones de orden únicamente material por la sola razón de que no hayan juzgado propio escribir literalmente que su ciencia era en realidad de naturaleza espiritual[117]. Además, el asunto de la "iniciación" de los autores de esas novelas quizá tenga menos importancia de lo que podría creerse a primera vista, pues de todas maneras eso no hace cambiar nada a las apariencias bajo las cuales se presenta el tema; desde que se trata de una "exteriorización" de datos esotéricos, pero no en modo alguno de una "vulgarización", es fácil de comprender que deba ser así. Iremos más lejos: incluso un profano puede, para tal "exteriorización", haber servido de "portavoz" a una organización iniciática, que lo haya escogido a tal efecto simplemente por sus cualidades de poeta o escritor, o por cualquier otra razón contingente. Dante escribía con perfecto conocimiento de causa; Chrestien de Troyes, Robert de Boron y muchos otros fueron probablemente mucho menos conscientes de lo que expresaban, y quizá, incluso, algunos de ellos no lo fueron en absoluto; pero

---

[117] Si el señor Waite cree, según parece, que ciertas cosas son demasiado "materiales" para resultar compatibles con la existencia de un sentido superior en los textos donde se encuentran, podríamos preguntarle qué piensa, por ejemplo, de Rabelais o de Boccaccio.

poco importa en el fondo, pues, si había tras ellos una organización iniciática, cualquiera que ésta fuera, el peligro de una deformación debida a la incomprensión de ellos quedaba por eso mismo descartado, ya que tal organización podía dirigirlos constantemente sin que ellos lo supieran, sea por medio de algunos de sus miembros que les proveían de los elementos que elaborar, sea por sugerencias o influjos de otro género, más sutiles y menos "tangibles" pero no por eso menos reales ni eficaces. Se comprenderá sin dificultad que esto nada tiene que ver con la llamada "inspiración" poética tal como la entienden los modernos, y que no es sino pura y simple imaginación, ni con la "literatura" en el sentido profano del término, y agregaremos en seguida que no se trata tampoco de "misticismo"; pero este último punto toca directamente a otras cuestiones, que debemos encarar ahora de modo más especial.

No nos parece dudoso que los orígenes de la leyenda del Grial deban remitirse a la transmisión de elementos tradicionales, de orden iniciático, del Druidismo al Cristianismo; habiendo sido esta transmisión operada con regularidad, y cualesquiera hayan sido por lo demás sus modalidades, esos elementos formaron desde entonces parte integrante del esoterismo cristiano; estamos muy de acuerdo con el señor Waite sobre este segundo punto, pero debemos decir que el primero parece habérsele escapado. La existencia del esoterismo cristiano en la Edad Media es cosa absolutamente segura; abundan las pruebas de toda clase, y las negaciones debidas a la incomprensión moderna, ya provengan, por otra parte, de partidarios, ya de adversarios del Cristianismo, no pueden nada contra ese hecho; hemos tenido bastante a menudo oportunidad de referirnos a esta cuestión para que sea innecesario insistir aquí. Pero, entre aquellos mismos que admiten la existencia del esoterismo cristiano, hay muchos que se forman de él una idea más o menos inexacta, y tal nos parece también el caso de Waite, a juzgar por sus conclusiones; en ellas hay también confusiones y malentendidos que importa disipar.

En primer lugar, nótese bien que decimos "esoterismo cristiano" y no "cristianismo esotérico"; no se trata de modo alguno, en efecto, de una forma especial de cristianismo, sino del lado "interior" de la tradición cristiana; y es fácil comprender que hay en ello más que un simple matiz. Además, cuando cabe distinguir así en una forma tradicional dos faces, una exotérica y otra esotérica, debe tenerse bien presente que no se refieren ambas al mismo dominio, de manera que no puede existir entre ellas conflicto ni oposición de ninguna clase; en particular, cuando el exoterismo reviste el carácter específicamente religioso, como es el caso aquí, el esoterismo correspondiente, aunque tomando en aquél su base y soporte, no tiene en sí mismo nada que ver con el dominio religioso, y se sitúa en un orden enteramente diverso. Resulta de ello, inmediatamente, que este esoterismo no puede en caso alguno estar representado por "Iglesias" o por "sectas" cualesquiera, que, por definición misma, son siempre religiosas y por ende exotéricas; éste es también un punto que hemos tratado ya en otras circunstancias, y que por lo tanto nos basta recordar someramente. Algunas "sectas" han podido surgir de una confusión entre ambos dominios y de una "exteriorización" errónea de datos esotéricos mal comprendidos y aplicados; pero las organizaciones iniciáticas verdaderas, manteniéndose estrictamente en su terreno propio, permanecen forzosamente ajenas a tales desviaciones, y su "regularidad" misma las obliga a no reconocer sino lo que presenta carácter de ortodoxia, inclusive en el orden exotérico. Es, pues, seguro que quienes quieren referir a "sectas" lo que concierne al esoterismo o la iniciación yerran el camino y no pueden sino extraviarse; no hay necesidad alguna de mayor examen para descartar toda hipótesis de esa especie; y, si se encuentran en algunas "sectas" elementos que parecen ser de naturaleza esotérica, ha de concluirse, no que tengan en ella su origen, sino muy al contrario, que han sido desviados de su verdadera significación.

Siendo así, ciertas dificultades aparentes quedan inmediatamente resueltas, o, por mejor decir, se advierte que son inexistentes: así, no cabe preguntarse cuál puede ser la situación, con relación a la ortodoxia cristiana entendida en sentido ordinario de una línea de transmisión fuera de la "sucesión apostólica" como aquella de que se habla en ciertas versiones de la leyenda del Grial; si se trata de una jerarquía iniciática, la jerarquía religiosa no podría en modo alguno ser afectada por su existencia, de la cual, por lo demás, no tiene por qué tener conocimiento "oficialmente", si así puede decirse, ya que ella misma no ejerce jurisdicción legítima sino en el dominio exotérico. Análogamente, cuando se trata de una fórmula secreta en relación con ciertos ritos, hay, digámoslo francamente, una singular ingenuidad en quienes se preguntan si la pérdida o la omisión de esa fórmula no arriesga impedir que la celebración de la misa pueda ser considerada válida: la misa, tal cual es, es un rito religioso, y aquello es un rito iniciático: cada uno vale en su orden, y, aun si ambos tienen en común un carácter "eucarístico": ello en nada altera esa distinción esencial, así como el hecho de que un mismo símbolo pueda ser interpretado a la vez desde ambos puntos de vista, exotérico y esotérico, no impide a ambos ser enteramente distintos y pertenecientes a dominios totalmente diversos; cualesquiera que puedan ser a veces las semejanzas exteriores, que por lo demás se explican en virtud de ciertas correspondencias, el alcance y el objetivo de los ritos iniciáticos son enteramente diferentes de los de los ritos religiosos. Con mayor razón, no cabe indagar si la fórmula misteriosa de que se trata podría identificarse con una fórmula en uso en tal o cual Iglesia dotada de un ritual más o menos especial; en primer lugar, en tanto que se trate de Iglesias ortodoxas, las variantes de ritual son por completo secundarias y no pueden en modo alguno recaer sobre nada esencial; además, esos diversos rituales jamás pueden ser sino religiosos, y, como tales, son perfectamente equivalentes, sin que la consideración de uno u otro nos acerque más al punto de vista iniciático. ¡Cuántas investigaciones y discusiones inútiles se ahorrarían si se estuviera, antes que nada, bien informado sobre los principios!

Ahora bien; que los escritos concernientes a la leyenda del Graal sean emanados, directa o indirectamente, de una organización Iniciatica, no quiere decir que constituyan un ritual de iniciación, como algunos, con bastante extravagancia, lo han supuesto; y es curioso que nunca se haya emitido semejante hipótesis -por lo menos hasta donde sabemos- acerca de obras que empero describen más manifiestamente un proceso iniciático, como la *Divina Comedia* o el *Roman de la Rose*; es bien evidente que no todos los escritos que presentan carácter esotérico son por ello rituales. El señor Waite, que rechaza con justa razón este supuesto, destaca las inverosimilitudes que implica: tal es, en especial, el hecho de que el pretendido recipiendario hubiere de formular una pregunta, en vez de tener que responder a las preguntas del iniciador como es el caso generalmente; y podríamos agregar que las divergencias existentes entre las diferentes versiones son incompatibles con el carácter de un ritual, que tiene necesariamente una forma fija y bien definida; pero, ¿en qué obsta todo ello a que la leyenda se vincule, en algún otro carácter, a lo que el señor Waite denomina *Institutes Mysteries*, y que nosotros llamamos más sencillamente las organizaciones iniciáticas? Ocurre que el autor se forma de éstas una idea demasiado estrecha, e inexacta en más de un sentido: por una parte, parece concebirlas como algo exclusivamente "ceremonial", lo que, señalémoslo de paso, es un modo de ver muy típicamente anglosajón; por otra parte, según un error muy difundido y sobre el cual hemos insistido ya harto a menudo, se las representa aproximadamente como "sociedades", mientras que, si bien algunas de ellas han llegado a cobrar tal forma, ello no es sino efecto de una especie de degradación por entero moderna. El autor ha conocido sin duda, por experiencia directa, un buen número de esas asociaciones seudoiniciáticas que pululan en Occidente en nuestros días, y, si bien parece haber quedado más bien decepcionado, no ha dejado tampoco, en cierto modo, de ser influido por lo que ha visto en ellas: queremos decir que, por no haber percibido nítidamente la diferencia entre iniciación auténtica y seudoiniciación, atribuye erróneamente a las verdaderas organizaciones iniciáticas caracteres comparables a los de las falsificaciones con las cuales ha entrado en contacto; y este error entraña todavía otras consecuencias, que afectan directamente, como vamos a verlo, a las conclusiones positivas de su estudio.

Es evidente, en efecto, que todo cuanto es de orden iniciático no podría de ninguna manera entrar en un marco tan estrecho como lo sería el de "sociedades" constituidas al modo moderno; pero, precisamente, allí donde el señor Waite no encuentra ya nada que se asemeje de cerca o de lejos a sus "sociedades", se pierde y llega a admitir la suposición fantástica de una iniciación capaz de existir fuera de toda organización y de toda transmisión regular; nada mejor podemos hacer aquí que remitir a nuestros estudios anteriores sobre este asunto[118]. Pues, fuera de dichas "sociedades", no ve al parecer otra posibilidad que la de una cosa vaga e indefinida a la cual denomina "Iglesia secreta" o "Iglesia interior", según expresiones tomadas de místicos como Eckhartshausen y Lopoukine, en las cuales la misma palabra

---

[118] Véase también *Aperçus sur l'Initiation*, cap. X.

"Iglesia" indica que nos encontramos, en realidad, reconducidos pura y simplemente al punto de vista religioso, así sea por medio de alguna de esas variedades más o menos aberrantes en las cuales el misticismo tiende espontáneamente a convertirse desde que escapa al control de una estricta ortodoxia. En efecto, el señor Waite es uno más de aquellos, por desgracia tan abundantes en nuestros días, que, por razones diversas, confunden misticismo e iniciación; y llega a hablar en cierto modo indiferentemente de una u otra de ambas cosas, incompatibles entre sí, como si fuesen más o menos sinónimas. Lo que él cree ser la iniciación se resuelve, en definitiva, en una simple "experiencia mística"; y nos preguntamos, incluso, si en el fondo no concibe esa "experiencia" como algo "psicológico", lo que nos reduciría a un nivel aun inferior al del misticismo entendido en un sentido propio, pues los verdaderos estados místicos escapan ya enteramente al dominio de la psicología, pese a todas las teorías modernas del género de aquella cuyo más conocido representante es William James. En cuanto a los estados interiores cuya realización pertenece al orden iniciático, no son ni estados psicológicos ni aun estados místicos; son algo mucho más profundo y, a la vez, no son cosas de las que no pueda decirse ni de dónde vienen ni qué son exactamente, sino que, al contrario, implican un conocimiento exacto y una técnica precisa; la sentimentalidad y la imaginación no tienen en ellas parte alguna. Transponer las verdades del orden religioso al orden iniciático no es disolverlas en las nubes de un "ideal" cualquiera; es, al contrario, penetrar su sentido más profundo y más "positivo" a la vez, disipando todas las nubes que detienen y limitan la visión intelectual de la humanidad ordinaria. A decir verdad, en una concepción como la de Waite, no se trata de esa transposición, sino, cuando mucho, si se quiere, de una suerte de prolongación o de extensión en el sentido "horizontal", pues todo cuanto es misticismo se incluye en el dominio religioso y no va más allá; y, para ir efectivamente más allá, hace falta otra cosa que la afiliación a una "Iglesia" calificada de "interior" sobre todo, a lo que parece, porque no tiene una existencia sino simplemente "ideal", lo que, traducido a términos más claros, equivale a decir que no es de hecho sino una organización de ensueño.

No podría ser ése verdaderamente el "secreto del Santo Grial", así como tampoco ningún otro real secreto iniciático; si se quiere saber dónde se encuentra ese secreto, es menester referirse a la constitución, muy "positiva", de los centros espirituales, tal como lo hemos indicado de modo bastante explícito en nuestro estudio sobre *Le Roi du Monde*. A este respecto, nos limitaremos a destacar que el señor Waite toca a veces cosas cuyo alcance parece escapársele: así, ocurre que hable, en diversas oportunidades, de cosas "sustituidas", que pueden ser palabras u objetos simbólicos; pero esto puede referirse sea a los diversos centros secundarios en tanto que imágenes o reflejos del Centro supremo, sea a las fases sucesivas del "oscurecimiento" que se produce gradualmente, en conformidad con las leyes cíclicas, en la manifestación de esos mismos centros con relación al mundo exterior. Por otra parte, el primero de estos dos casos entra en cierta manera en el segundo, pues la constitución misma de los centros secundarios, correspondientes a las formas tradicionales particulares, cualesquiera fueren, señala ya un primer grado de oscurecimiento con respecto a la tradición primordial; en efecto, el Centro supremo, desde entonces, ya no está en contacto directo con el exterior, y el vínculo no se mantiene sino por intermedio de centros secundarios. Por otra parte, si uno de éstos llega a desaparecer, puede decirse que en cierto modo se ha reabsorbido en el Centro supremo, del cual no era sino una emanación; también aquí, por lo demás, cabe observar grados: puede ocurrir que un centro tal se haga solamente más oculto y más cerrado, y esto puede ser representado por el mismo simbolismo que su desaparición completa, ya que todo alejamiento del exterior es simultáneamente, y en equivalente medida, un retorno hacia el Principio. Queremos aludir aquí al simbolismo de la desaparición definitiva del Grial: que éste haya sido arrebatado al Cielo, según ciertas versiones, o que haya sido transportado al "Reino del Preste Juan", según otras, significa exactamente la misma cosa, lo cual el señor Waite parece no sospechar[119]. Se trata siempre de esa misma retirada de lo exterior hacia lo interior, en razón del estado

---

[119] De que una carta atribuida al Preste Juan es manifiestamente apócrifa, el señor Waite pretende concluir la inexistencia de aquél, lo cual constituye una argumentación por lo menos singular; la cuestión de las relaciones de la leyenda del Grial con la orden del Temple es tratada por el autor de una manera apenas menos sumaria; parece tener, inconscientemente sin duda, cierta prisa por descartar cosas demasiado significativas e inconciliables. con su "misticismo"; y, de modo general, las versiones alemanas de la leyenda nos parecen merecer más consideración de la que les otorga.

del mundo en determinada época; o, para hablar con más exactitud, de esa porción del mundo que se encuentra en relación con la forma tradicional considerada; tal retirada no se aplica aquí, por lo demás, sino a la vertiente esotérica de la tradición, ya que en el caso del Cristianismo el lado exotérico ha permanecido sin cambio aparente; pero precisamente por el lado esotérico se establecen y mantienen los vínculos efectivos y conscientes con el Centro supremo. Que algún vínculo subsista sin embargo, aun en cierto modo invisiblemente, es forzosamente necesario en tanto que la forma tradicional de que se trata permanezca viva; de no ser así, equivaldría a decir que el "espíritu" se ha retirado enteramente de ella y que no queda sino un cuerpo muerto. Se dice que el Graal no fue ya visto como antes, pero no se dice que nadie lo vio ya; sin duda, en principio al menos, está siempre presente para los que están "cualificados"; pero, de hecho, éstos han devenido cada vez más raros, hasta el punto de no constituir más que una ínfima excepción; y, desde la época en la que se dice que los Rosa-Cruz se retiraron a Asia, ya se entienda ello literal o simbólicamente ¿qué posibilidades de arribar a la iniciación efectiva pueden encontrar abiertas ante ellos en el mundo occidental?

Apreciaciones sobre el esoterismo cristiano

Capítulo IX

EL SAGRADO CORAZÓN
Y LA LEYENDA DEL SANTO GRIAL

Texto publicado originalmente en Regnabit, agosto-sept. de 1925. Recopilado, sin el addendum aparecido en el nº de diciembre de Regnabit, en Aperçus sur l´Esoterisme Chrétien, capítulo IX de la 2ª parte, y con la adición incluida, en Symboles de la Science Sacrée, capítulo III y en Ecrits pour "Regnabit".

En uno de sus últimos artículos[120], L. Charbonneau-Lassay señala con mucha razón como vinculada a lo que podría llamarse la "prehistoria del Corazón eucarístico de Jesús" la leyenda del Santo Grial, escrita en el siglo XII, pero muy anterior por sus orígenes puesto que es en realidad una adaptación cristiana de muy antiguas tradiciones célticas. La idea de esta vinculación ya se nos había ocurrido

---

[120] Ver "Regnabit", junio de 1925.

con motivo del artículo anterior, extremadamente interesante desde el punto de vista en que nos colocamos, intitulado "Le Coeur humain et la notion du Coeur de Dieu dans la religion de l'ancienne Égypte"[121], del cual recordaremos el siguiente pasaje: "En los jeroglíficos, escritura sagrada donde a menudo la imagen de la cosa representa la palabra misma que la designa, el corazón no fue, empero, figurado sino por un emblema: el *vaso*. El corazón del hombre, ¿no es, en efecto, el vaso en que su vida se elabora continuamente con su sangre?" Este vaso, tomado como símbolo del corazón y sustituto de éste en la ideografía egipcia, nos había hecho pensar inmediatamente en el Santo Grial, tanto más cuanto que en este último, aparte del sentido general del símbolo (considerado, por lo demás, a la vez en sus dos aspectos, divino y humano), vemos una relación especial y mucho más directa con el Corazón mismo de Cristo.

En efecto, el Santo Grial es la copa que contiene la preciosa Sangre de Cristo, y que la contiene inclusive dos veces, ya que sirvió primero para la

---

[121] Idem, noviembre de 1924. Cf. Charbonneau.Lassay, *Le Bestiaire du Christ*, cap. X, pág. 95.

Cena y después José de Arimatea recogió en él la sangre y el agua que manaban de la herida abierta por la lanza del centurión en el costado del Redentor. Esa copa sustituye, pues, en cierto modo, al Corazón de Cristo como receptáculo de su sangre, toma, por así decirlo, el lugar de aquél y se convierte en un como equivalente simbólico: ¿y no es más notable aún, en tales condiciones, que el vaso haya sido ya antiguamente un emblema del corazón? Por otra parte, la copa, en una u otra forma, desempeña, al igual que el corazón mismo, un papel muy importante en muchas tradiciones antiguas; y sin duda era así particularmente entre los Celtas, puesto que de éstos procede lo que constituyó el fondo mismo o por lo menos la trama de la leyenda del Santo Grial. Es lamentable que no pueda apenas saberse con precisión cuál era la forma de esta tradición con anterioridad al Cristianismo, lo que, por lo demás, ocurre con todo lo que concierne a las doctrinas célticas, para las cuales la enseñanza oral fue siempre el único modo de transmisión utilizado; pero hay, por otra parte, concordancia suficiente para poder al menos estar seguros sobre el sentido de los principales símbolos que figuraban en ella, y esto es, en suma, lo más esencial.

Pero volvamos a la leyenda en la forma en que nos ha llegado; lo que dice sobre el origen mismo del Grial es muy digno de atención: esa copa habría sido tallada por los ángeles en una esmeralda desprendida de la frente de Lucifer en el momento de su caída. Esta esmeralda recuerda de modo notable la *urnâ*, perla frontal que, en la iconografía hindú, ocupa a menudo el lugar del tercer ojo de *Shiva*, representando lo que puede llamarse el "sentido de la eternidad". Esta relación nos parece más adecuada que cualquier otra para esclarecer perfectamente el simbolismo del Grial; y hasta puede captarse en ello una vinculación más con el corazón, que, para la tradición hindú como para muchas otras, pero quizá todavía más claramente, es el centro del ser integral, y al cual, por consiguiente, ese "sentido de la eternidad" debe ser directamente vinculado.

Se dice luego que el Grial fue confiado a Adán en el Paraíso terrestre, pero que, a raíz de su caída, Adán lo perdió a su vez, pues no pudo llevarlo consigo cuando fue expulsado del Edén; y esto también se hace bien claro con el sentido que acabamos de indicar. El hombre, apartado de su centro original por su propia culpa, se encontraba en adelante encerrado en la esfera temporal; no podía ya recobrar el punto único desde el cual todas las cosas se contemplan bajo el aspecto de la eternidad. El Paraíso terrestre, en efecto, era verdaderamente el "Centro del Mundo" asimilado simbólicamente en todas partes al Corazón divino; ¿y no cabe decir que Adán, en tanto estuvo en el Edén, vivía verdaderamente en el Corazón de Dios?

Lo que sigue es más enigmático: Set logró entrar en el Paraíso terrestre y pudo así recuperar el precioso vaso; ahora bien: Set es una de las figuras del Redentor, tanto más cuanto que su nombre mismo expresa las ideas de fundamento y estabilidad, y anuncia de algún modo la restauración del orden primordial destruido por la caída del hombre. Había, pues, desde entonces, por lo menos una restauración parcial, en el sentido de que Set y los que después de él poseyeron el Grial podían por eso mismo establecer, en algún lugar de la tierra, un centro espiritual que era como una imagen del Paraíso perdido. La leyenda, por otra parte, no dice dónde ni por quién fue conservado el Grial hasta la época de Cristo, ni cómo se aseguró su transmisión; pero el origen céltico que se le reconoce debe probablemente dejar comprender que los Druidas tuvieron una participación en ello y deben contarse entre los conservadores regulares de la tradición primordial. En todo caso, la existencia de tal centro espiritual, o inclusive de varios, simultánea o sucesivamente, no parece poder ponerse en duda, como quiera haya de pensarse acerca de su localización; lo que debe notarse es que se adjudicó en todas partes y siempre a esos centros, entre otras designaciones, la de "Corazón del Mundo", y que, en todas las tradiciones, las descripciones referidas a él se basan en un simbolismo idéntico, que es posible seguir hasta en los más precisos detalles. ¿No muestra esto suficientemente que el Grial, o lo que está así representado, tenía ya, con anterioridad al Cristianismo, y aun a todo tiempo, un vínculo de los más estrechos con el Corazón divino y con el *Emmanuel*, queremos decir, con la manifestación, virtual o real según las edades, pero siempre presente, del Verbo eterno en el seno de la humanidad terrestre.

Después de la muerte de Cristo, el Santo Graal, según la leyenda, fue llevado a Gran Bretaña por José de Arimatea y Nicodemo; comienza entonces a desarrollarse la historia de los Caballeros de la Tabla Redonda y sus hazañas, que no es nuestra intención seguir aquí. La Tabla (o Mesa) Redonda estaba destinada a recibir al Grial cuando uno de sus caballeros lograra conquistarlo y transportarlo de Gran Bretaña a Armórica; y esa Tabla (o Mesa) es también un símbolo verosímilmente muy antiguo, uno de aquellos que fueron asociados a la idea de esos centros espirituales a que acabamos de aludir. La forma circular de la mesa está, además, vinculada con el "ciclo zodiacal" (otro símbolo que merecería estudiarse más especialmente) por la presencia en torno de ella de doce personajes principales, particularidad que se encuentra en la constitución de todos los centros de que se trata. Siendo así, ¿no puede verse en el número de los doce Apóstoles una señal, entre multitud de otras, de la perfecta conformidad del Cristianismo con la tradición primordial, a la cual el nombre de "precristianismo" convendría tan exactamente? Y, por otra parte, a propósito de la Tabla Redonda, hemos destacado una extraña concordancia en las revelaciones simbólicas hechas a Marie des Vallées (cf. *Regnabit*, noviembre de 1924)) donde se menciona "una mesa redonda de jaspe, que representa el Corazón de Nuestro Señor", a la vez que se habla de "un jardín que es el Santo Sacramento del altar" y que, con sus "cuatro fuentes de agua viva", se identifica misteriosamente con el Paraíso terrestre; ¿no hay aquí otra confirmación, harto sorprendente e inesperada, de las relaciones que señalábamos?

Naturalmente, estas notas demasiado rápidas no podrían pretender constituirse en un estudio completo acerca de cuestión tan poco conocida; debemos limitarnos por el momento a ofrecer simples indicaciones, y nos damos clara cuenta de que hay en ellas consideraciones que, al principio, son susceptibles de sorprender un tanto a quienes no están familiarizados con las tradiciones antiguas y sus modos habituales de expresión simbólica; pero nos reservamos el desarrollarlas y justificarlas con más amplitud posteriormente, en artículos en que pensamos poder encarar además muchos otros puntos no menos dignos de interés.

Entre tanto, mencionaremos aún, en lo que concierne a la leyenda del Santo Graal, una extraña complicación que hasta ahora no hemos tomado en cuenta: por una de esas asimilaciones verbales que a menudo desempeñan en el simbolismo un papel no desdeñable, y que por otra parte tienen quizá razones más profundas de lo que se imaginaría a primera vista, el Graal es a la vez un vaso (*grasale*) y un libro (*gradale* o *graduale*). En ciertas versiones, ambos sentidos se encuentran incluso estrechamente vinculados, pues el libro viene a ser entonces una inscripción trazada por Cristo o por un ángel en la copa misma. No nos proponemos actualmente extraer de ello ninguna conclusión, bien que sea fácil establecer relaciones con el "Libro de Vida" y ciertos elementos del simbolismo apocalíptico.

Agreguemos también que la leyenda asocia al Graal otros objetos, especialmente una lanza, la cual, en la adaptación cristiana, no es sino la lanza del centurión Longino; pero lo más curioso es la preexistencia de esa lanza o de alguno de sus equivalentes como símbolo en cierto modo complementario de la copa en las tradiciones antiguas. Por otra parte, entre los griegos, se consideraba que la lanza de Aquiles curaba las heridas por ella causadas; la leyenda medieval atribuye precisamente la misma virtud a la lanza de la Pasión. Y esto nos recuerda otra similitud del mismo género: en el mito de Adonis (cuyo nombre, por lo demás, significa "el Señor"), cuando el héroe es mortalmente herido por el colmillo de un jabalí (colmillo que sustituye aquí a la lanza), su sangre, vertiéndose en tierra, da nacimiento a una flor; pues bien: L. Charbonneau ha señalado "un hierro para formas, del siglo XII, donde se ve la sangre de las llagas del Crucificado caer en gotitas que se transforman en rosas, y el vitral del siglo XIII de la catedral de Angers, donde la sangre divina, fluyendo en arroyuelos, se expande también en forma de rosas"[122]. Volveremos enseguida sobre el simbolismo floral, encarado en un aspecto algo diferente; pero, cualquiera que sea la multiplicidad de sentidos que todos los símbolos presentan, todo ello se completa y armoniza perfectamente, y tal multiplicidad, lejos de ser un inconveniente o un defecto, es al contrario, para quien sabe comprenderla, una de las ventajas principales de un lenguaje mucho menos estrechamente limitado que el lenguaje ordinario.

Para terminar estas notas, indicaremos algunos símbolos que en diversas tradiciones sustituyen a veces al de la copa y que le son idénticos en el fondo: esto no es salirnos del tema, pues, el mismo Grial, como puede fácilmente advertirse por todo lo que acabamos de decir, no tiene en el origen otra significación que la que tiene en general el vaso sagrado donde quiera se lo encuentra, y en particular, en Oriente, la copa sacrificial que

---

[122] Ver *Regnabit*, enero de 1925.

contiene el *soma* védico (o el *haoma* mazdeo), esa extraordinaria "prefiguración eucarística sobre 'la cual volveremos quizá en otra ocasión. Lo que el *soma* figura propiamente es el "elixir de inmortalidad" (el *amrtâ* de los hindúes, la *ambrosía* de los griegos, palabras ambas etimológicamente semejantes), el cual confiere y restituye a quienes lo reciben con las disposiciones requeridas ese "sentido de la eternidad" de que hemos hablado anteriormente.

Uno de los símbolos a que queremos referirnos es el triángulo con el vértice hacia abajo; es como una suerte de representación esquemática de la copa sacrificial, y con tal valor se encuentra en ciertos *yantra* o símbolos geométricos de la India. Por otra parte, es particularmente notable desde nuestro punto de vista que la misma figura sea igualmente un símbolo del corazón, cuya forma reproduce simplificándola: el "triángulo del corazón" es expresión corriente en las tradiciones orientales. Esto nos conduce a una observación tampoco desprovista de interés: que la figuración del corazón inscrito en un triángulo así dispuesto no tiene en sí nada de ilegítimo, ya se trate del corazón humano o del Corazón divino, y que, inclusive, resulta harto significativa cuando se la refiere a los emblemas utilizados por cierto hermetismo cristiano medieval, cuyas intenciones fueron siempre plenamente ortodoxas. Si a veces se ha querido, en los tiempos modernos, atribuir a tal representación un sentido blasfemo[123], es porque, conscientemente o no, se ha alterado la significación primera de los símbolos hasta invertir su valor normal; se trata de un fenómeno del cual podrían citarse muchos ejemplos y que por lo demás encuentra su explicación en el hecho de que ciertos símbolos son efectivamente susceptibles de doble interpretación, y tienen como dos faces opuestas. La serpiente, por ejemplo, y también el león, ¿no significan a la vez, según los casos, Cristo y Satán? No podemos entrar a exponer aquí, a ese respecto, una teoría general, que nos llevaría demasiado lejos; pero se compren-derá que hay en ello algo que hace muy delicado al manejo de los símbolos y también que este punto requiere especialísima atención cuando se trata de descubrir el sentido real de ciertos emblemas y traducirlo correctamente.

Otro símbolo que con frecuencia equivale al de

---

[123] Ver *Regnabit*, agosto-setiembre de 1924

la copa es un símbolo floral: la flor, en efecto, ¿no evoca por su forma la idea de un "receptáculo", y no se habla del "cáliz" de una flor? En Oriente, la flor simbólica por excelencia es el loto; en Occidente, la rosa desempeña lo más a menudo ese mismo papel. Por supuesto, no queremos decir que sea ésa la única significación de esta última, ni tampoco la del loto, puesto que, al contrario, nosotros mismos habíamos antes indicado otra; pero nos inclinaríamos a verla en el diseño bordado sobre ese canon de altar de la abadía de Fontevrault[124], donde la rosa está situada al pie de una lanza a lo largo de la cual llueven gotas de sangre. Esta rosa aparece allí asociada a la lanza exactamente como la copa lo está en otras partes, y parece en efecto recoger las gotas de sangre más bien que provenir de la transformación de una de ellas; pero, por lo demás, las dos significaciones se complementan más bien que se oponen, pues esas gotas, al caer sobre la rosa, la vivifican y la hacen abrir. Es la "rosa celeste", según la figura tan frecuentemente empleada en relación con la idea de la Redención, o con las ideas conexas de

---

[124] Cf. *Le Régne de la quantité et les signes des temps*, cap. XXIX: "Le renversement des symboles" y *Regnabit* enero de 1925, figura pág. 106.

regeneración y, de resurrección; pero esto exigiría aún largas explicaciones, aun cuando nos limitáramos a destacar la concordancia de las diversas tradiciones con respecto a este otro símbolo.

Por otra parte, ya que se ha hablado de la Rosa-Cruz con motivo del sello de Lutero[125], diremos que este emblema hermético fue al comienzo específicamente cristiano, cualesquiera fueren las falsas interpretaciones más o menos "naturalistas" que le han sido dadas desde el siglo XVIII; y ¿no es notable que en ella la rosa ocupe, en el centro de la cruz, el lugar mismo del Sagrado Corazón? Aparte de las representaciones en que las cinco llagas del Crucificado se figuran por otras tantas rosas, la rosa central, cuando está sola, puede muy bien identificarse con el Corazón mismo, con el vaso que contiene la sangre, que es el centro de la vida y también el centro del ser total.

Hay aún por lo menos otro equivalente simbólico de la copa: la media luna; pero ésta, para ser explicada convenientemente, exigiría

---

[125] *Regnabit*, enero de 1925, artículo de Charbonneau-Lassay, "A propos de la rose emblématique de Martin Luther".

desarrollos que estarían enteramente fuera del tema del presente estudio; no lo mencionamos, pues, sino para no descuidar enteramente ningún aspecto de la cuestión.

De todas las relaciones que acabamos de señalar, extraeremos ya una consecuencia que esperamos poder hacer aún más manifiesta ulteriormente: cuando por todas partes se encuentran tales concordancias, ¿no es ello algo más que un simple indicio de la existencia de una tradición primordial? Y ¿cómo explicar que, con la mayor frecuencia, aquellos mismos que se creen obligados a admitir en principio esa tradición primordial no piensen más en ella y razonen de hecho exactamente como si no hubiera jamás existido, o por lo menos como si nada se hubiese conservado en el curso de los siglos? Si se detiene uno a reflexionar sobre lo que hay de anormal en tal actitud, estará quizá menos dispuesto a asombrarse de ciertas consideraciones que, en verdad, no parecen extrañas sino en virtud de los hábitos mentales propios de nuestra época. Por otra parte, basta indagar un poco, a condición de hacerlo sin prejuicio, para descubrir por todas partes las marcas de esa unidad doctrinal esencial, la conciencia de la cual ha podido a veces oscurecerse en la humanidad, pero que nunca ha desaparecido enteramente; y, a medida que se avanza en esa investigación, los puntos de comparación se multiplican corno de por sí, y a cada instante aparecen más pruebas; por cierto, el *Quaerite et invenietis* del Evangelio no es palabra vana.

René Guénon

Otros libros de René Guénon

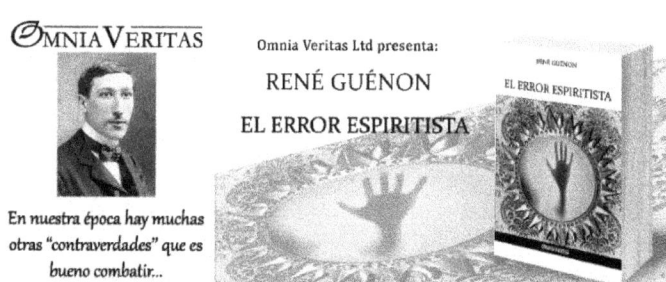

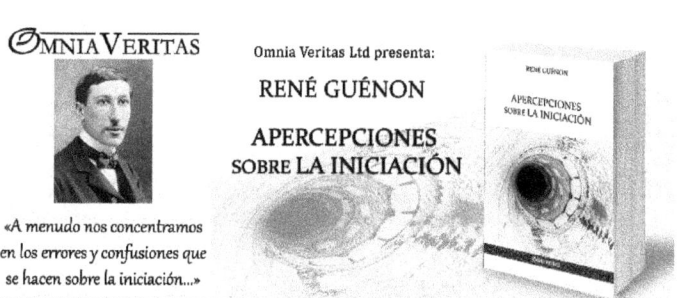

Apreciaciones sobre el esoterismo cristiano

René Guénon

Apreciaciones sobre el esoterismo cristiano

www.omnia-veritas.com

www.ingramcontent.com/pod-product-compliance
Lightning Source LLC
Chambersburg PA
CBHW050800160426
43192CB00010B/1591